説得は「言い換え」が9割

向谷匡史

光文社新書

はじめに

人生は「説得」の巧拙《こうせつ》で決まる。

交渉事から恋愛、喧嘩、闘争、組織の統率にいたるまで、「説得」は生まれたときから人間関係のすべてについてまわる。

たとえば、赤ん坊は「泣く」という説得術で、母親にミルクを要求する。要求が満たされなければオクターブを上げて火がついたように泣き叫び、母親はあわててミルクの用意をすることになる。

政治家は〝絵に描いた餅〟を、紙芝居のごとく次から次へと国民に見せることで一票をせしめていくし、企業経営者は「成果主義」という言葉で、ケツ叩きを社員に納得させている。あるいは、ウラ社会の面々は恫喝と甘言で相手を翻弄し、何となく納得させられたような気分に落とし込んでいく。さらに説得は「言葉」に限らず、人間関係の一つである恋愛のような男女間の以心伝心もまた、「黙して語らず」という巧妙な説得術の一つなのだ。

したがって、「説得術」とは「人間関係の技術」とも言える。

優秀な営業マンは「価格で勝負するなら営業は不要」と言い切る。商品の機能に差がなく、客が安いほうを買うのであれば、営業マンの出る幕はない。価格が高くても、「こっちを買ったほうが得」と客に思わせるのがセールストークという説得術であり、営業マンの能力だと言う。

恋愛も同じだ。高学歴、高収入、イケメンでなければ女にモテないと考えるのは、大いなる錯覚。恋愛とは男女間の人間関係であり、高学歴、高収入、イケメンというのは説得材料の一つに過ぎない。個性は人間の数だけであり、「あなたと私」という組み合わせで考えれば、説得術は無数にあるのだ。

では、説得のキモとは何か。

結論から言えば、「**言い換え**」である。

言葉遊びではない。

「言い換える能力を磨く」

ということだ。

相手が腑に落ちて納得するのは、あなたの主張を、相手が自分の価値観に転じて吟味し、その結果、「なるほど」となるからである。すなわち「言い換え」とは、相手の価値観や関心事に置き換えて提示することでもあり、人間関係における「実戦心理術」なのである。

私は昇空館という空手道場を主宰しているが、「頑張れ！」と叱咤《しった》激励したのでは、道場生たちの心にいま一つ届かない。そこで、「全日本で優勝した××選手だって、白帯から始めたんだ」と、道場生たちの関心事に置き換え、言い換えることによってやる気を引き出す。

くわしくは本文に紹介してあるが、部下の尻を叩くなら、

「やる気があるのかないのか、どっちだ！」

と二者択一に言い換えてみる。答えは「あります」しかない。それをテコに、がんがんハッパをかけていけばいいのだ。

ところが、多くの人は、この「言い換え」の有効性に気がつかず、「理屈」と「論理」に「熱意」をまぶし、「努力は裏切らない！」「評価とは上司がくだすものだ！」「死ぬ気で頑張れ！」——と、ひたすら檄《げき》を飛ばし、説得を試みる。自分の価値観で説得する限り、相手の心を動かすことはできないのだ。

本書は、あらゆるシチュエーションを例にあげつつ、「言い換え」とその効果、さらに

「実戦心理術」について解説した。本書によって「言い換え」の基本を身につけ、読者の皆さんがそれぞれのフィールドでさらに磨きをかけ、人生に活かしていただければ幸いである。

向谷匡史

説得は「言い換え」が9割◉目次

第2章
相手の心を手玉に取る言い換え術

第3章
人を動かす言い換え術

第4章 迫ってくる相手をいなす言い換え術

第5章 天下無敵！「逆転」の言い換え術

第1章

説得のプロが使っている言い換え術

イヤなことも「せっかく」と思わせれば勝ち

極論すれば、説得とは「ごまかしの技術」だ。

イヤな言い方だが、これは真理を衝《つ》いている。

なぜなら、提案に対して、相手がイエスと答えたならば説得は不要で、

「わし、イヤや」

と首を横に振ったときに、

「そんなん言わんと、ほれこのとおり、お宅にとってプラスになるんでっせ」

と説得が始まるからだ。

つまり、ノーをイエスに転じさせるのが説得であり、「説得術」とは、

（あッ、そっか！）

と、相手の首をタテに振らせるための技術なのだ。

どんな熱弁も誠意も、論理も詭弁《きべん》も、目的を達成するための手段であり、したがって説得の本質は「ごまかしの技術」ということになる。そして「ごまかしの技術」とは、新たな視

点を相手に提示してみせることを言う。

佐倉アスリート倶楽部を主宰する小出義雄《こいでよしお》氏は、周知のとおり女子マラソンの名伯楽として知られる。有森裕子《ありもりゆうこ》がバルセロナ五輪で銀、アトランタで銅、シドニーでは高橋尚子《なおこ》が金メダルを獲得。世界でただ一人、オリンピック女子マラソンにおいて「三大会連続メダル獲得」の指導実績を持つ。

その小出氏の言い換えに、

「せっかく」

という言葉がある。

たとえば選手が故障したとき、指導者はたいてい渋い顔をして似たようなことを言う。

「気持ちが弛《たる》んでるんじゃないか」

「無事これ名馬と言ってな、ケガをしないのも練習のうちだ」

「しょうがない、しばらく練習は休んでろ」

私は日本空手道「昇空館」の館長をしているが、指導者のそんな気持ちはよくわかる。試合が近づいていれば、舌打ちの一つもしたくなるし、選手は選手で落ち込んでしまう。

ところが、小出監督はこう言い換えるのだ。

「どんな状態のときでも『せっかく』と思えばいいんだよ。そうすれば、すべてが力になる」

「せっかく故障したんだから、いましかできないことをやろう」

「せっかく神様が休めといってくれているんだから、しっかり休もう」

言い換えによって新たな視点を提示し、

(それもそうだな)

と選手は気持ちを前向きに切り換える。

有森裕子は当時を振り返って、

「『せっかく』という一言をつけるだけで、本来はマイナスに思えることも、プラスに変えていけるんだということを教えていただきました」

と語っているが、たとえ「ごまかし」であろうとも、アクシデントに対して「せっかく」という言い換えを口にしてみせるところに、指導者としての非凡さだけでなく、人間心理に通じた小出監督の真骨頂を、私は見るのだ。

セブン＆アイ・鈴木敏文氏に学ぶ視点の変え方

「論法」を使った話術がある。

言葉のアヤで引っかけるのではなく、論法をもって説き伏せる方法で、これを私は「視点を変えた言い換え術」と呼んでいる。

社会のグレーゾーンに棲息するA氏が、三億円の債権取り立てという大仕事を請け負ったときのことだ。容易ならざる相手ということで、法律にくわしい人間や話術が巧みな人間、コワモテの人間、裏社会の人脈に通じた人間……等々、必要に応じて最強の取り立てメンバーを集めようとした。ところが、

「取り分が減るやんけ」

と、仲間からクレームがついた。

A氏は《捕らぬタヌキの皮算用》ということわざを引いて、

「まず、タヌキを捕らえることが先決だ」

と説得するが、

「わしらだけでやれるがな」

と聞く耳を持たない。

そこでA氏は、こう言い換えたのだ。

「ええか、仲間が増えれば今度は連中が仕事を持ってきよる。十人おったら十の仕事、二十人おったら二十の仕事。仕事が途切れることはないがな。長い目で見たら、どっちが得か、おまえかてわかるやろ」

仲間は一瞬、戸惑いを見せたが、A氏の言うことを理解したらしく、

「それもそうやな」

と納得した次第。

一見、詭弁のように思えるが、そうではない。これが「論法」という話術であり、「視点を変えた言い換え術」として、ビジネス界でも用いられているのだ。

その一例が、「心理経営の神様」と言われ、セブン&アイ・ホールディングス代表取締役会長として活躍する鈴木敏文氏だ。鈴木氏はセブン‐イレブンを日本で創業するため、本家の米サウスランド社のトップと交渉を重ねるが、ロイヤリティ（権利利用料）の率をめぐって最後までもめる。相手が売上高の一％を要求したのに対して、鈴木氏はその半分――〇・

五％を主張したのだから、まとまるわけがない。

そこで、鈴木氏は「視点」を変えて、こう提案したのだ。

「あなた方が最終的に求めるのはロイヤリティの額でしょう。ならば、むしろ率を下げてわれわれが出店資金を確保しやすくし、店が増えて成功すれば、結果として額は上がっていく。率を上げるより、額を上げる考え方をしたほうがいいのではないか」

これにはサウスランド社も、なるほどと思ったのだろう。大幅に譲歩し、〇・六％で妥結したのだった。

表社会の経営トップと、グレーゾーンの住人を同列に論じることはできないにしても、「人を説得する技術」は同じなのだ。

大ボラを「夢」に見せる切り返し話法

人は、「夢」という言葉に心を動かされる。

熱く語る夢は、説得力において強力な〝武器〟になるのだが、この「夢」というやつは簡単そうでいて、なかなか口にできるものではない。

「こんなこと言って、ホラ吹きと思われるのではないか」

と懸念するからだ。

だから、どうしても現実的な話を口にしてしまう。しかし、現実的な話は、熱く語れば語るほど相手はシラケてくる。なぜなら「現実的」とは「夢」の対極にあるもので、聞いていて誰も心は躍らず、したがって説得もされないということになるのだ。

ホラと夢の違いは、話に具体策があるかどうかだ。つまり、ホラに具体策を加えると夢になるのだ。

例をあげよう。

新潟を選挙区とする政治家が、

「新潟に雪を降らせないようにします！」

と演説でブチ上げたら、

(このホラ吹き)

と選挙民はあきれかえるだろう。

ならば、具体策を口にして、こう言い換えたらどうか。

「三国峠をダイナマイトで吹っ飛ばすのであります。そうしますと、日本海の季節風は太平洋側に吹き抜けて越後（新潟）に雪は降らなくなる。出てきた土砂は日本海に運んでいって埋め立てに使えば、佐渡とは陸続きになるのであります！」

実際に、こう演説した政治家がいる。いまもって「角さん」と呼ばれて人気の、故田中角《かく》栄《えい》元総理である。三国峠は群馬県と新潟県の県境にある山脈で、ここをダイナマイトで切り拓き、平らにしようというのだ。選挙民はホラと思いつつも、三国峠をダイナマイトで吹っ飛ばし、日本海の季節風を太平洋側に吹き抜けさせる――と、ぶちあげる壮大な発想に圧倒されつつ、

（そこまで考えてくれているのか）

と、情熱を感じ取ったことだろう。

そして、見落としてはならないのが、ここまで大風呂敷を広げられる政治家は、力量が高く評価されるということだ。

「橋を架けてみせます」

という現実的なアピールに対しては、

（そんな程度か）

と思ってしまうが、

（三国峠をダイナマイトで！）

と情熱をもって夢を語れば、地元に橋を架けたり道路をつくったりするのは、いとも簡単にやってのけるような気になるだろう。新潟における〝角さん人気〟は、こんなところにも一因が見て取れるのだ。

「売上を十倍に伸ばすのは簡単ですよ」

と言えば、

（このホラ吹きが）

と鼻で笑われるだけだが、

「私の人脈を総動員すれば、売上を十倍に伸ばすのは簡単です」

と、大風呂敷に「私の人脈」という具体策をくっつけて言い換えれば、

（この人間なら、ひょっとして）

という思いをいだく。少なくとも「私には売上を伸ばす自信はありません」と、しょぼい顔して言う人間より評価されることは確かなのだ。

もし「そんなことが、できるのかよ」とケチをつける人間が出てきたら、橋下徹《はしもととおる》大阪市長の切り返し術が参考になるだろう。橋下市長は、カジノを中心とした統合型リゾート（I

R）を大阪に誘致すべく奮戦しているが、ギャンブル依存症の助長や治安問題の懸念に対して、

「課題があるんだったら、それをどう乗り越えましょうか、というところに発展がある」

と言い返した。《課題がある→反対》という論理を、《課題がある→乗り越える→そこに発展がある→賛成》という論理で切り返したのである。

「私の人脈を総動員すれば、売上を十倍に伸ばすのは簡単です」

「そんなことが、できるのかよ」

「課題があるんだったら、それをどう乗り越えましょうか、というところに発展がある。課題があるからやめるというのは、負け犬の発想だ」

この言い換えで、たいていの説得はできるのだ。

交渉は「勝ち負け」ではなく「ウィン・ウィン」を目指せ

説得は心理戦である。

「なるほど」

と納得させるか、

「いつまでも突っ張るわけにはいかないな」

と妥協させるか、論理に詭弁、言い換えに泣き落としと方法は何でもありだが、

「説得とは心理戦である」

ということを、まずキモに銘じておくことだ。

知人が音頭をとって、空手道関係の親睦会を立ち上げようとしたときのこと。役員人事でモメた。このままでは親睦会の構想は流れてしまう。困った知人は、斯界《しかい》の長老を訪ね、

「理事長を誰にするかで、A道場とB道場が対立して困っています」

と意見を求めた。ところが、

「対立じゃない。〝隔たり〟と言え」

と、即座にたしなめられたという。

「このとき、目からウロコだったね」

とは知人の弁だ。

対立は戦いであり、「勝った」「負けた」になるが、「隔たり」には勝敗はなく、

「お互いが、それぞれの意志で歩み寄るという形になるため、双方の顔が立って話をまとめやすくなる」

と長老は説明してから、

「会合では、それぞれの意見をひとまとめにして〝大筋〟という言葉に言い換えれば、反対する者はいないはずだ」

と策を授けたという。

会合に臨んで、知人は言った。

「え〜以上、種々のご意見を賜りましたが、細かいことはともかくとしまして、親睦会をつくるという大筋において、ご賛同いただけたかと思いますが、いかがでしょうか」

パチパチパチパチと賛同の拍手が起こった。さすが、長老の老獪《ろうかい》さである。

「大筋」を太いロープにたとえてみればわかるが、一本一本の細い繊維が束になってロープになるのであって、ロープが先にあって細い繊維があるわけではない。「ロープをつくる」と決まれば、個々の細い繊維は撚《よ》り合わざるを得なくなる。同様に「会をつくる」ということに合意すれば、必然的に、A道場もB道場もお互いが歩み寄らざるを得ないということになるのだ。

「仕入れ単価、下がりませんか」

「いやいや、ウチも厳しくて」

「下がれば発注量を増やせるんですが」

「平行線ですな」

と突っぱねてしまえば交渉決裂で、これでは〝子供の使い〟になってしまう。

ここは「平行線」を「大筋」という言葉に言い換えて、

「では、こうしましょう。大筋合意ということで、細かい条件につきましては社に持ち帰って検討したいと思いますが、いかがでしょうか」

「承知しました」

となれば、双方が歩み寄ることになる。自分も歩み寄るが、同時に相手も歩み寄らざるを得なくなるのだ。交渉は勝ち負けではなく、「ウィン・ウィン」を目指すものなのである。

「同情するなら金をくれ」は言い換えの金字塔

「同情するなら金をくれ！」

という劇中のセリフで一世を風靡《ふうび》したのが、一九九四年に放送されたテレビドラマ『家なき子』だ。当時、十二歳だった安達祐実《あだちゆみ》の好演で、最高視聴率三七・二％を記録。この年の流行語大賞に選ばれたが、二十年がたった現在でも、

「同情」

と言えば、

「金をくれ！」

という言葉が口を衝いて出てくるほど、このセリフは人間の本質を衝いているということなのだろう。「同情」を「金をくれ」に言い換えたところが出色で、人間の心に潜む欺瞞《ぎまん》を見事に衝いている。

だが、「同情」という心理を「説得」という視点で読み解いていくと、興味深い人間関係術が見えてくる。

次の例をどう思うだろうか。いまから四十年ほど前のことだ。大学四年生だった同郷の先輩が、就職を希望する会社の社長宅に日参した。一流メーカーであるその会社は指定校制をとっていたため、先輩は受験すらできない。

そこで、社長の出勤時を狙って門の外で待ち構え、

「受験させてください」

と、直訴《じきそ》したわけである。

「よし、キミの根性に惚れた！」

となるほど世の中は甘くはない。

「会社に問い合わせたまえ」

と、けんもほろろ。

お付きの運転手が怒って、

「警察を呼ぶぞ！」

というトラブルにもなりかけた。

それにもめげずに先輩は日参を続け、一週間ほど過ぎたところで、それまで相手にもしてくれなかった社長が、迎えの車に乗り込むときに立ち止まって、

「もういい加減にしたまえ。何度、私を訪ねてもムダだよ」

と、声をかけてくれた。

このとき先輩は、こう言ったそうだ。

「私の大学は指定校から漏れています。社長がもし私の立場で、御社をどうしても受験した

いと思ったとき、どうされますか？」

社長はしばらく先輩の顔を見つめてから、

「規則は規則だ。私の一存で受験を許可するわけにはいかない。しかし、もしキミにその気があるなら、××社を受けてみたらどうか。私が紹介状を書くが」

こうして先輩は、系列会社に就職するのだ。

いまも、たまに先輩と会って一杯やると、先輩は当時を振り返って、

「俺の熱意が通じたんだな」

と言うが、それは違うと私は見ている。

先輩はそうと意識はしなかったろうが、

「受験させてください」

という懇願を、

「私の立場ならどうしますか」

という言葉に置き換えることで、社長の「同情」を喚起したのである。

「受験させてください、お願いします……云々」

という訴えは一方的なお願いであり、「私」から「あなた」に対する一方通行だ。

ところが、

「私の立場ならどうしますか」

と問いかけられ、「どうするかな」という思いがチラリとでも相手の脳裏をよぎれば、「私」と「あなた」は双方向となる。相手の立場を思いやれば同情心が芽生え、「じゃ、力を貸してやるか」――という気持ちにもなるのだ。

俳優の杉良太郎は、中高年の女性から「杉様」の愛称で絶大なる人気を誇る一方、ボランティア活動を通じて、国内のみならず海外まで社会貢献にも尽力している。私は週刊誌記者時代、杉良太郎を取材するため、彼に関する資料を読み、舞台を観ると、必ず口にするセリフに気がついた。

「歌手出身で基礎もない、名優の息子でもない、どこで湧いたかわからないボウフラ役者がこの世界で生きていこうとすれば、身分が違うと、周囲からイジメのようなものにも遭いました」

というものだ。

「私のファンになってください」

というメッセージを、「どこで湧いたかわからないボウフラ役者」という言葉に言い換えたところに、杉良太郎の非凡さがある。中高年のご婦人方は深く同情を寄せ、それが人気を押し上げ、「杉様」へと昇華していったものと私は見るのだ。**卑屈になって相手の憐憫《れんびん》を誘うのも「同情」なら、言い換えという〝攻め〟によって、相手の心に深く食い込んでいくのも「同情」**なのである。

「同情するなら金をくれ！」

というセリフは、人間の心に潜む欺瞞に嚙みつかざるを得ない主人公の不幸な境遇に対して、視聴者の同情を喚起する。同情を否定することで同情を引くという、これは見事な言い換えなのである。

キツいひと言は「相田みつを式」にアレンジ

相田《あいだ》みつをは、言わずと知れた独特なタッチの書で綴《つづ》る詩人である。クセがあるので好みは分かれるかもしれないが、言い換えによって、当たり前のことを人生論に昇華させ、読み手に「なるほど！」と思わせる。

たとえば、

《トマトにねぇ　いくら肥料をやったってさ　メロンにはならねぇんだなぁ》

と、ないものねだりの愚かしさを、言い換えによってユーモラスに表現することで、

（なるほど、そうだよなぁ）

と読み手は納得し、少し成長した気分を味わうことができる。同じ意味のことを、ことわざでは「カエルの子はカエル」と言うが、これではありきたりでいまいちインパクトに欠ける。「トマト」「肥料」「メロンにならない」という言い換えが具体的なイメージを喚起するのだ。

相田みつをの作風については賛否両論があり、作家の故立松和平《たてまつわへい》氏は、

「難しい言葉を一つも語らないで、仏教の根本的な哲理のようなものを語ってしまう」

として、相田みつをを「思想の語り部」と評する一方、フランス文学者の奥本大三郎氏のように、

「素直に言ってこの相田みつをという人の、わざと下手に書いて人に阿《おもね》るような字も、それを紙に書きつけた、人の心の底の劣等感をごまかすような文句も私は嫌いである」

という手厳しい批判もある。

評価は人それぞれとしても、相田みつをの言葉は、言い換えという観点では実に参考にな

る。

たとえば、相手の努力不足を責める場合。

「バカ者！」

と怒鳴りつけたのでは、

(俺だって一所懸命やったんだ)

と、口をとがらせる。盗人《ぬすっと》にだって〝三分の理〟があるのだから、頭ごなしに責められたのでは頭にもくるだろう。

相田みつをの書は、こんなふうに言う。

《やれなかった　やらなかった　どっちかな》

どれだけ努力したのかは、おまえさん自身が判断しなさい——と振られれば、

「私の努力不足でした」

と、人間は素直にあやまるものだ。

部下や後輩にハッパをかける場合、

「死ぬ気でやらんかい！」

と檄を飛ばせば、

（冗談じゃねぇ、身体《からだ》が持たんわ）

と不満をいだくのが人間の常だが、不満を事前に封じるには、こんな〝相田流〟がある。

《なんでもいいからさ　本気でやってごらん　本気でやれば　たのしいから　本気でやれば

つかれないから　つかれても　つかれが　さわやかだから》

本気でやれば楽しく、疲れてもさわやか――ということは、

「いまの仕事が楽しくないとしたら、それは本気になってやっていないということ。疲れて

身体がダルいのは、キミが本気になってやっていないから」

という逆説になるのだ。

さらに、檄でもなく説得でもなく、やんわりとした語り口で見事にやる気を喚起する。

《風雪に耐えただけ　土の中に根が張るんだな》

だから辛抱せよ。

《そのうち　そのうち　べんかいしながら日がくれる》

早くやれ――と叱責すれば反発するが、ユーモラスにこんな言い方をされると、

（ホンマやで）

と、重い腰も上がることだろう。

「縁の下の力持ちであれ」

と言ってもピンとこないだろうが、

《土の中の水道管　高いビルの下の下水　大事なものは表に出ない》

と言い換えれば、具体的なイメージとなって、

（そうだ、そのとおりだ）

と、水道管や下水の立場にいる自分を肯定できるだろう。

《うばい合うと　足らないけれど　わけ合うと　あまっちゃうんだなあ》

こう諭されると、これまたホンマやで――と自分を反省し、反省する自分にちょっぴりいい気分になるのだ。

天下人・秀吉も使った「大義名分」の説得術

人間は、必ず自分に言い訳をする。

「バカ野郎！」

上司に怒鳴りつけられた部下は、

（しょうがないよ、自分がドジ踏んだんだから）

と自分に言い訳することで、屈辱感に耐えようとする。

一方、怒鳴りつけた上司も、

（しょうがないよ、ドジ踏んだあいつが悪いんだから）

と、これまた短気を起こした自分に言い訳する。

電車内で痴漢を働いたサラリーマンが、

「酔っていて」

と言い訳するのはよくあるパターンで、

（悪いのはお酒で、私は悪くない）

と、無意識に自己正当化を図る。

「じゃ、酔ったらいつも痴漢しまんのか」

とツッコミたくもなるが、かくのごとく、**人間は常に自分に対する言い訳で精神的なバランスを取っているということ**なのである。したがって、これを説得という視点から見れば、自分に言い訳する材料を相手に与え、それを大義名分にしてやれば、相手にとってネガティブなことであっても説得しやすくなるということだ。

私はヤミ金屋の〝実戦心理術〟についての著書もあるのだが、彼らが貸金を回収するため、主婦に売春を迫る方法の一つが、《大義名分》という言い換えだ。現代では大っぴらにはできないが、かつては次のような脅しが典型的なパターンだった。亭主に内緒で借りている主婦は絶好のカモで、

「返済でけへんのやったら、旦那はんに掛け合わなあかんな。わしらが会社に乗り込んだら、旦那はん、困るやろな。ヘタしたらクビやで」

「やめてください！」

「せやったら、奥さんがひと肌脱ぐしかないんと違《ちゃ》うか？」

「………」

「何も難しいことするわけやなし」

「………」

「旦那さんと子供たちのためやないか」

夫と子供のため――という大義名分を持ち出して言い換えれば、これがトドメになり、

（そうよ、夫と家族を守るためなんだわ）

と自己正当化し、客を取ることになるのだと、ヤミ金屋は笑ったものだ。

大義名分による言い換えは、ヤミ金屋どころか天下人でさえ用いるのだ。

その好例が、日本史で習う豊臣秀吉の「刀狩り」である。下々に武器を持たせておくと一揆を起こす危険があるので、これを取り上げるに際して、秀吉はこんな巧妙な言い換えを用いている。

「没収した武器は、いまつくっている方広寺《ほうこうじ》の大仏建立の釘《くぎ》や鎹《かすがい》にするから、百姓は来世まで救われるぞ。さらに百姓は耕作にだけ励めば、子孫代々無事に暮らせる。百姓を愛するから武器を取り上げるのだ」

「ウソつけ」

と百姓たちは最初は不満ブーブーであったが、「大仏建立」「来世の救済」「子々孫々の安泰」という大義名分には逆らえず、やがてそれを自分に言い聞かせることで刀狩りに協力していくのである。

もし、これが織田信長であれば、問答無用で武器を没収するだろうから、百姓たちの抵抗に手こずったことだろう。秀吉は叩き上げの苦労人だけあって、大義名分による見事な言い換えで支配を確実なものにしていったのである。

敵を掌中に収める西郷隆盛の「名言」

面と向かって誉《ほ》めるのは難しいものだ。

「キミは素晴らしい！」

と絶賛すれば、部下はお世辞だと思う。

（課長のやつ、何か魂胆《こんたん》があるんじゃないか？）

と勘ぐられることもあるだろう。

さりとて、

「なかなかよくやっていると思うよ」

気のない誉め方をしたのでは、

（それ、皮肉か）

と裏読みするかもしれない。

「誉めて動かす」

というのは人間関係術の基本とはいえ、**ヨイショというやつはサジ加減が難しく、過ぎて**

も足りなくても反発を生じる危険があるのだ。

そこで、言い方を換えてみる。

西郷隆盛は人望家として名高いが、これは彼の人格だけでなく、人心収攬《しゅうらん》術に長《た》けていることを見落としてはなるまい。

たとえば、隆盛が山岡鉄舟《やまおかてっしゅう》を評した次のセリフなど、さすが西郷というほかない。

「命もいらぬ、名もいらぬ男は始末に困るものだが、始末に困る男でなければ天下の大事は謀《はか》れない」

山岡鉄舟は、幕臣の勝海舟《かいしゅう》、高橋泥舟《でいしゅう》とともに「幕末の三舟《さんしゅう》」と称される傑物で、明治維新において勝海舟と西郷隆盛のトップ会談の実現に奔走し、江戸無血開城に導いた影の立役者だ。命を捨てる覚悟で官軍の〝本陣〟に乗り込み、西郷と直《じか》談判。無血開城という男の約束をし、二人は酒を酌み交わすのだが、先のセリフは、鉄舟を見送ったあとで西郷が口にしたものだ。

「始末に困る男＝天下の大事を謀れる男」

と言い換えてみせるところに、西郷の真骨頂がある。

当然ながら鉄舟の耳にも入ったはずだが、「始末に困る男」という否定的一語が強烈であ

るため、お世辞とは受け取らず、

（そこまで私を評価してくれるのか）

と、嬉しさを通りこして心酔したことだろう。

ハネッ返りの部下や後輩に手を焼く上司は、西郷式の言い換えを用いればよい。

「キミは私の言うことも聞かないし、何ごとにおいても独断専行だ。そういう部下はハッキリ言って始末に困るが、そういう男でなければ仕事では使えない」

ハネッ返りは感激し、以後、あなたにだけ恭順の意を表することだろう。これを、「言い換えによって、手のひらで転がす」と言うのだ。

「忍」の一字を説いてヒーローに仕立て上げる

ヒーロー願望は誰しもある。

こう書くと、

「俺は違う」

と言う人もいるだろうし、

「裏方でいい」

と、表舞台に背を向ける人もいるだろう。

だが、「縁の下の力持ち」でいることに耐えながら、

「俺はそれで構わない」

と自己肯定する人は、「耐えること」にではなく、「耐えている自分」に満足している。だから「縁の下の力持ち」でいられるのだ。**英雄的行為や、それを賛美する心情をヒロイズムと呼ぶが、脇役に徹することもまた、ヒロイズム**なのである。

したがって、言い換えによってこの心理をうまく刺激すれば、イヤな役目や仕事であっても、相手はヒロイズムに酔うことになる。

ヤクザ社会に「ジギリ」という言葉がある。

「組のために身体を張る」

という意味で、懲役に行く人間は、

「俺はジギリをかけたんだ」

と、ヒロイズムに酔っている。

いまどきのドライな若手ヤクザは、

「懲役という貧乏クジを、ジギリと言い換えただけさ」

と鼻で笑うが、これは認識が甘い。言い換えただけで喜んで懲役に行くという、その人間心理に感心するべきなのである。

自衛隊は、かつては「税金ドロボー」と罵《ののし》られるなど、受難の時代があった。新憲法が制定され、戦争放棄を国是とする日本にとって、戦うことができない自衛隊の存在は無意味だと国民の目には映る。加えて、左派政党や進歩的文化人たちによる自衛隊批判もあって、

「税金ドロボー！」

と罵られることになるのだ。

そこで、ときの総理大臣であった吉田茂は、自衛隊員たちに向かって、どんな言葉で語りかけたか。少し長くなるが、言い換えの真髄を、じっくり味わっていただきたい。次に紹介するのは、昭和三十二年二月、防衛大学校第一回卒業式でのスピーチだ。

「君たちは自衛隊在職中、決して国民から感謝されたり、歓迎されることなく自衛隊を終わるかもしれない。きっと非難とか、叱咤ばかりの一生かもしれない。御苦労だと思う。しかし、自衛隊が国民から歓迎され、ちやほやされる事態とは、外国から攻撃されて国家存亡のときとか、災害派遣のときとか、国民が困窮し国家が混乱に直面しているときだけなのだ。

言葉を換えれば、君たちが日陰者扱いされているときのほうが、国民や日本は幸せなのだ。どうか、耐えてもらいたい」

言葉を換えれば――というところからが、このスピーチのまさにキモで、「国民と日本の幸せのために、日陰者扱いされることに耐えてくれ」と、防衛大学校を巣立っていくエリートたちのヒロイズムを見事に衝いている。

国際関係に与えた影響はさておき、かくして自衛隊は茨《いばら》の道を耐え、これを管轄する防衛庁は防衛省に昇格し、日本は世界有数の軍事大国になった。もし、吉田茂がいまの総理であったなら、大いに檄を飛ばしてから、こう言うに違いない。

「言葉を換えれば、君たちが堂々と海外に出て行き、世界の平和に貢献してこそ、国民や日本は幸せなのだ。どうか、胸を張って職責に邁進してもらいたい」

持ち上げてヒーローにし、忍の一字を説いてヒーローにする。吉田学校と呼ばれる保守本流をつくった政治家だけのことはあるのだ。

第2章

相手の心を手玉に取る言い換え術

「命令言葉」を「疑問形」に置き換える誘導術

「飛び込み百件！」

と命令すれば、

（パワハラかよ）

と、部下は腹のなかで毒づく。

「契約が取れるまで帰ってくるな！」

「それって、ブラックじゃん」

と口に出さないまでも、上司に信頼を寄せることはあり得まい。ケツを叩かれれば反発するのが、人間の常なのである。

これは大人も子供も同じで、私は昇空館という空手道場を主宰しているのだが、

「腰を落とせ！」

と怒鳴りつけると、小学生たちはイヤな顔をする。

「声を出せ！」

とハッパをかけると、そのときだけは声を出すが、すぐに小さくなっていく。

そこで私は、

「腰が落とせるかな？」

と、疑問形に言い換えてみた。

すると、どうだ。

「落とせる！」

元気な声が返ってきたのである。

「よし！　じゃ、やってみよう。突き五十本！」

子供たちは腰を落とし、号令に合わせて元気一杯で突きを始めたという次第。

「飛び込み百件！」

とケツを叩きたいのであれば、

「キミたちなら、飛び込み営業は何件までできるだろうか？」

と疑問形にして言い換え、部下の口から答えを出させれば士気はあがる。

「契約が取れるまで帰ってくるな！」

とプレッシャーをかけたいのであれば、

「契約が取れるまで粘れるだろうか？」

と疑問形に言い換え、これまた返事を口にさせればいいのだ。

人間は大人も子供もプライドがあるため、「やれ」と命じられれば反発するが、

「できるか？」

と問われて、

「できない」

と、返事するのは屈辱的な気持ちになる。だから、前向きの返事が返ってくるというわけだ。

この疑問形の言い換えはサービス業——それも一流の人たちが実にうまく用いている。

たとえば、昼時のレストラン。

「おそれいりますが、ご順にお並びください」

と言うのは、言葉づかいこそ丁寧だが、二流である。

ちょっと気のきいたマネージャーであれば、

「ご順にお並びいただけますでしょうか？」

と、疑問形の言い換えでお願いをする。

客にしてみれば、「並んでもらえるか」という問いかけによって、「じゃ、並びましょう」と、**自分の意志で決断したものと錯覚するため、待たされても不満が出ない**というわけである。

「おそれいりますが、もう少し席を詰めてください」

という言い方は、客を〝舌打ち気分〟にさせてしまうが、

「詰めていただけますか？」

という疑問形にして言い換えれば、「詰める」は自分の意志になるため、舌打ちはしないのだ。

「敵は本能寺」で目先を変える

疑問形の効用の続き。

「右に行くべきだ」

と命令口調で言われると、

「何でだ」

と反発する。

ところが、

「右はどうだろうか？」

と、やんわりと疑問形で提案されると、

「そうかな」

と素直に再考する。

前述のように、疑問形に対する回答は「自分の意志」であり、「自分が決める」という主体性をキープしたままであるため、反発心が起こりにくい。たとえ右に行くのが正しいと考えていたとしても、命令されたということに対して人はカチンとくるのだ。

ここで強調したいのは、要はニュアンスを和らげることが第一義のポイントだということ。それによって、命令されているという状況から、あるいはその内容から少しでも注意をそらすことができるのだ。

ある出版社で、こんなことがあった。

「どうすれば企画が出てくるか」

ということをテーマに編集会議が開かれたときのことだ。

「ノルマを課すべきだ」

と一人が主張したため、会議は紛糾したのだと、出席した若手が一杯やりながら語ってくれた。

「企画はノルマで出すもんじゃない」

「できもしない企画が出てくるぞ」

「企画は数じゃない、質だ」

非難囂々《ごうごう》になったところで、中堅の一人が引き取り、

「ノルマなんて乱暴なことは言わないで、たとえば隔週で企画を持ちよって、みんなで煮詰めるというのはどうだろうか？」

と提案したのだという。

この編集マンは私と旧知で、人間心理に通じた苦労人。面白いのは、よくよく考えてみれば、これはノルマの提案と同じだということ。そこを、「**どうだろうか？**」**という疑問形でニュアンスを変えたところがさすがだ。結果は、主導権が「みんな」にあるため心理的な反発は起こらず、**

「それも悪くないかな」

という雰囲気になったタイミングを見はからって、

「じゃ、そうしよう」

と編集長が締めくくったという次第。

あるいは、関東某市の金融機関での話。

「地域密着のため、お祭りに当行の神輿《みこし》を出すべきだ」

と若手が主張したところ、

「神輿をつくる費用はどうするんだ！」

と先輩たちからボロクソに批判されたと、当の若手行員が私の前でボヤいた。

もちろん本人は気づいていないが、「出すべきだ」という断定口調が先輩たちを怒らせたのではないかと私は推察している。「敵は本能寺」で、「神輿の製作費用」から注意をそらせるように、

「地域密着ということで、お祭りに当行の神輿を出す方法もあると思いますが、どう、なんで、しょうか？」

と、口調をマイルドにしていれば、違った結果を得られた可能性がある。

「殺《や》るしかないやろ！」

イケイケの武闘派が畳みかけて説得にかかれば、

「親分に迷惑がかかるやないか」

と、他の幹部から必ず〝待った〟がかかる。リスクを取りたくないこともさることながら、リーダー面《づら》した命令口調にカチンとくるのだ。ヤクザ組織が抗争事件の対応をめぐって内部対立するのは、些細なことだがそんな一面も大いに関係している。

命令や断定口調に反発する心理は、表社会もウラ社会も同じなのだ。

若者は「将来」という言葉に弱い

「こんな会社、やめてやらぁ！」

若手がケツをまくったとき、どういう説得の仕方をするかで上司の能力がわかる。

「短気を起こさないで、もう一度考え直せ」

と言ったのでは、

「いいえ、もう決めました！」

火に油。「私の立場」での説得であるからだ。

ところが、

「早まるな。将来のために、ここは我慢だぞ」

と「将来」を引き合いに出して「あなたの立場」で言い換えれば、

(ちょっと、待てよ)

と、考え直すことにもなるのだ。

「キミには輝ける将来がある」

と言われれば悪い気はしない。

「キミの将来に期待しているんだ」

とヨイショされれば、それに応えようと張り切る。

反対に、

「このままではキミの将来はないぞ」

と言われればドッキリで、

「どうすればいいでしょうか」

と、すがりつくことになる。

どんなに過酷で悲惨な状況にあろうとも、「現実」から「将来」に視点を変えることで、若手はいかようにも手のひらで転がすことができるのだ。

私自身、ライターとして駆け出し当時を振り返ると、「将来」という言葉に一喜一憂した自分がよくわかる。

「将来のために、うんと苦労するんだ」

と、先輩ライターに熱く諭され、アシスタントとして長らくタダ働きさせられたこともあれば、

「いいねぇ、若いキミには将来があって」

取材した政治家にニッコリ笑顔で言われて、ファンになったこともある。

「何だ、この原稿は！」

デスクの厳しい叱責も、

「将来のある男だと思うから、私はあえて厳しいことを言うんだ」

と告げられれば、たちまち感激に変わるのである。

だが、「将来」は「不確定」と同義語なのだ。「将来ある身」はそのとおりだが、ハッピーになるとは限らない。いや、**大成しないことがほとんどであるにもかかわらず、何となく「バラ色の将来」を思い描いてしまう。**この心理を経験として熟知する年長者は、「現実」で

はなく「将来」という視点に立って、若手を巧みに説得していくというわけだ。騙すわけではない。「将来の可能性」という一面の事実に注意を向けさせるだけであって、若手がそれをどう膨らませようと与《あずか》り知らぬことなのである。

目上の相手には「教えてください」

目上に取り入るキラーフレーズは、「教えてください」だ。

こと趣味に関して「教えてください」は百発百中で、絶対にスベらないと思っていいだろう。人に教えるというのは、自尊心がくすぐられて心地《ここち》いいからだ。

「あっ、課長」

エレベーター前でつかまえ、

「ゴルフを始めたんですが、上達の秘訣があれば、ぜひ教えていただきたいのですが」

笑顔で話しかければ、

「そりゃ、キミ、いかにヘッドアップしないかだよ」

上機嫌でウンチクを披露するだろう。

「でも、初心者の私にはちょっとわかりにくいですね」

「よし、今度、打ちっ放しに行こうか」

「ぜひ」

エレベーターを降りるころには、こんな話になったりする。

「釣りをやってみようかと思ってるんですが」

「そりゃ、いい。ぜひ、やってみたまえ」

「でも、どんな竿を買えばいいのか……。リールのこともよくわかりませんし」

「よし、会社の帰りに釣具屋へ連れて行ってやろう」

こんな展開もめずらしくない光景だ。

「釣り」が「家庭菜園」でもいいし、「ヨガ」でも「詩吟」でも何だっていい。要は、取り入ろうとする相手の趣味に対して「教えてください」をやればいいのだ。

ただし注意すべきは、趣味をテーマにして取り入るのは、上司と親しくはなっても決して能力評価にはつながらないということ。**上司や目上を踏み台としてステップアップしていこうと考えるなら、「仕事」という土俵で取り入らなければだめだ。**

仕事上のことについても、「教えてください」は相手の自尊心をくすぐるが、

「課長、どうやれば契約が取れるか教えていただけませんか」

と、ストレートに仕掛けたのでは、

（こいつアホか）

ノーテンキな質問にあきれられるに違いない。

そこで、言い換えが必要になる。こんな例が参考になるだろう。

私の空手道場の優秀な道場生は、こんな質問の仕方をする。

「回し蹴りの入《い》れ方について研究してみましたが、これでいいのでしょうか？」

「フェイントを工夫してみました。見ていただけますか？」

教えてくださいとは言わないで、

「これでいいのでしょうか？」

と《問いかけ》の言い換えで質問してくるため、

「自分で考えろ」

と突き放すことはできない。

「それはだな」

と教え始めると、質問→回答→質問――というキャッチボールに発展していって、

（こいつ、みどころがあるな）

という評価になるのだ。

これに対して、ノーテンキな道場生は、

「どうすれば試合に勝てますか？」

アッケラカンと訊《き》いてくる。単純で可愛くはあるが、選手としても、人間としても評価につながることはない。

「課長、プレゼンの方法を教えてください」

と問いかけることで取り入ろうとするなら、

「課長、こんなプレゼンの方法を考えてみたんですが、どうでしょうか」

と言い換える。

「接待につかう店はどこがいいですか？」

という質問は、

「こんな店を考えてみましたが、いかがでしょうか？」

と言い換える。

自分で考え、結論したこととの是非を問いかけることで、言外に「教えてください」をやっ

ているのだ。すると、相手は自尊心を満足させつつ、

（こいつ、できるな）

という評価につながっていく。

論点をすり替えれば「黒」も「白」に

「コラッ！　ゼニ払わんかい！」

返済を迫れば、

「違法金利です！」

と逆襲される。

「なんやと！　このガキ、六甲山へ埋めてまうど！」

常套句を口にしようものなら一一〇番。借り手が法律に明るくなったうえに、当局の取り締まり強化もあり、恫喝して取り立てる時代は終わったとヤミ金連中は口をそろえる。これからは「正しいのはワイで、悪いのはあんた」という図式にもっていって、借り手の良心を攻めるのが、かしこい取り立て法だという。

すなわち、**いかにして「黒」を「白」と言いくるめるか。ここに、論点の《すり替え》という言い換え術が登場する。**

たとえば、こんな展開になる。

「わしが酒飲んで、あんさん、酔いまんのんか?」

こう問われれば、誰だって、

「いいえ」

と答える。

「わしがイモ喰うて、あんさん、屁《へ》ぇこきまんのか?」

これも、

「いいえ」

だろう。

「わしが足踏まれて、あんさん、痛いんか?」

「いいえ」

となるが、ならばこれはどうか。

「借りたカネは返す。これが人の道と違《ちゃ》うんか?」

「違います」

と言う人はいない。ヤミ金は「借りたら返す↓これが人の道↓だから返せ」という論理展開で相手の良心を攻め、

「はよう返さんかい」

と迫るのだ。

「違法金利じゃないですか」

と相手が頑張って反論してくれれば、

「借りるとき、金利のこと説明せえへんかったか？」

「しました」

「ほら、みい。納得ずくで借りとるやないか」

そして、とどめは、

「あんたのやっとることは、腹いっぱいメシ喰うてゼニ払わんのと一緒やで。こういうのを世間じゃ、無銭飲食いうんや」

言われてみれば、いちいちごもっとも。「無銭飲食」という言い換えがグサリと胸に突き刺さり、

「返済、もうちょっと待っていただければ……」

「うん、ええよ。待ってあげるさかい、今日のところは利息分だけでも入れてぇな」

やさしく言って一件落着。元金という〝ニワトリ〟はそのまま生かしておいて、細く長く、延々と〝卵〟の利息を取り続けるというわけだ。

「なんだ、この営業成績は！」

「パワハラです」

居直ったら、すかさず《すり替え》で攻める。

「頑張ると言ったのは誰だ」

「私です」

「ウソついたのか」

「違います」

「口先だけで結果が伴わないことを、世間じゃ、ウソと言うんだ」

これでいいのだ。

やるなら少しずつ、禁断の「ソデの下」術

贈収賄事件が起こるたびに、

「人生、棒に振ってバカなやつ」

と思うのではあるまいか。

だが、ソデの下をもらうとヤバイことは誰だって知っている。それを承知で、積極的に要求するワルもいるが、権限を持つ担当者の多くは、業者に取り込まれないよう警戒している。したがってソデの下は、「もらう」のではなく。業者にもらわされてしまうのだ。そして一度でも金品を受け取ると、それが弱みになり、次第に蟻地獄にハマりこんでいく。言い換えれば、**一回目をいかにして受け取らせるか、ここが贈賄側の勝負**となる。

小さな広告代理店を経営していた知人は、某社に食い込み、ポスターからパンフレット、会報の制作まで一手に受注していた。広報課長にソデの下をつかませることに成功したからだ。

まず、知人はデパートで饅頭《まんじゅう》を買うと、出張土産だと断ったうえで、

「みなさんで、どうぞ」

と言って広報課長に差し出した。安価な出張土産は社会通念上、儀礼の範囲である。しかも「みなさんに」ということなので、課長にしてみれば断る理由はない。

「ありがとう」

と礼を言って受け取ったところで、

「これ、一つしかなかったので、課長さんに」

小声で言って、これも安価なお菓子をスッと手渡したのである。

「これは受け取れないよ」

という人は、まずいないもので、「あっ、そ」と、課長は笑顔で受け取った。

饅頭一つ、お菓子一つであっても、「ありがとう」と言ってもらえば、もらうということに対する心理的ハードルは少し低くなる。知人はこうして〝出張土産〟を何度か繰り返しておいて、

「知人からコンサートのチケットを二枚もらったんですが、私たち夫婦はクラシックは苦手なんです。好意を無にするわけにもいかず、課長さんにもらっていただければ助かるのですが」

と一歩、攻め込んだのである。

「買った」と言えば警戒されるので、「知人からもらった」と言い換えることによって、「私が買ってプレゼントするのではなく、たまたま手許《てもと》にあるんですよ」と言外にメッセージ。心理的ハードルを少し下げておいて、

「もらっていただければ助かるのですが」

という〝お願いの言い換え〟がポイント。

「よかったら差し上げますが？」

という問いかけは、相手に判断を迫ることになる。ここに躊躇《ちゅうちょ》が生まれ、「いる」とは返事しにくくなる。

「いや、いいよ」

「そうですか」

となって、何となく気まずい雰囲気になってしまうのである。

金品ならともかく、たかだかチケットなのだ。

「もらっていただければ助かるのですが」

とお願いされれば、

（じゃ、もらってやるか）

という鷹揚《おうよう》な気分にもなるだろうし、お礼を言うのはもらった課長ではなく、もらっていただいた側ということになる。課長に後ろめたさはなくなる。

こうして細心の注意を払いつつ、ソデの下を少しずつ渡していって、

「課長、お世話になりっぱなしで申しわけありません。焼き鳥屋なんかにお誘いするのは誠に失礼ですが、たまにはいかがですか？」

と持ちかけたのだと、知人は語ったものだ。

これはソデの下に限らないことだが、相手に一線を越えさせようと思うなら、相手に「決断」を迫ってはだめだ。「決断＝責任」という負荷がかかるため引いてしまう。したがって、あの手この手の言い換えで、決断させずして、いかに引き込んでいくか。ミリ単位の〝尺《しゃく》取《と》り〟でしか進めない毛虫だって、いつのまにか木をよじ登っていくのだ。

相手に食いつかせる〝引き〟ワザ

「買ってください」

と懇願すれば、

「高《た》けぇな、もっとマケんかい」

と、相手は〃上から目線〃で値切ってくる。

反対に、

「売ってください」

と懇願されたならば、

「そんな安値じゃ、売れねぇよ」

と吹っかけることができる。

懇願する側が常に譲歩を強《し》いられるのが交渉であり、人間関係なのだ。ならば、いかにして懇願させるように仕向けるか。ここに、人間心理を手玉に取る言い換え術が必要となる。

私が知人の骨董商を訪ね、雑談しているところへ、常連らしき中年の男性客がフラリと入ってきたときのことだ。無言で店内の陳列を眺め始めた。

「何か掘り出し物はありますか？」

と買う気を見せれば、

「こんなものが手に入りました」

「ほう、おいくらですか」

と店のペースにハマってしまうため、客は「ヒマだから、ちょっとのぞいただけ」という態度を取るのだと、店主があとで解説してくれた。この段階から客と丁々発止《ちょうちょうはっし》の心理戦が始まっているというわけだ。

客が陳列を眺め終わったところで、店主が仕掛ける。

「あっ、そうだ。こんな端渓《たんけい》が手に入ったんですがね」

と、硯《すずり》を取り出して卓上に置いた。端渓とは、中国広東省広州で掘り出される原石でつくった高価な硯だが、店主は「買ってください」とは一言も口にしない。

「買ってください」

と言えば、

「いくらよ」

「百万ほどで」

「高いよ」

「じゃ、八十万」

「ダメダメ」

「じゃ、六十万」

という値下げの展開になってしまうからだ。

一方、客にしても、

「おっ、いいねぇ。売ってよ」

となれば、

「いかほどの値をおつけになりますか?」

「百万」

「おやおや、ご冗談を」

と店主のペースになってしまうため、興味なさそうに振る舞う。

で、店主はどうしたか。

「まっ、ご縁がありましたら」

そう言って硯をスーッとしまうと、硯のことにはいっさい触れず、「すっかり日が短くなってきましたねぇ」と、世間話を始めたのだった。

そして、数日後。その客は再訪して、百万円で端渓を買っていったそうだ。店主は、「買ってください」という懇願を「ご縁がありましたら」という《引き》の一語に言い換えることで、「売り込んでくる」という客の心理を見事に裏切り、手玉に取ったというわけだ。

あるいは、知人のベテラン芸能マネージャーは、記事を売り込むときに、《引き》の言い換えで、芸能記者を手玉に取る。

たとえば、

「うちの新人歌手のA子だけど、実は中学時代、イジメに苦しんでるんですよ」

と記者に話す。

記者にしてみれば、

(記事にしてほしいんだな。雑ネタとして囲み記事にでもして〝貸し〟にしておくか)

と強気になる。

ところが、このマネージャーは「記事にしてよ」とは一言も口にせず、

「本人がイヤがるから、この話、内緒だよ」

《引き》の言い換えで、話題を打ち切ってしまったのである。

あわてたのは記者で、強気は一転、

「その話、書かせてくださいよ」

懇願する側になってしまう。

「ベタ記事じゃ困るよ」

「三ページ取ります」

「……」

「四ページ！」

「……」

「五ページ！」

「わかった」


ということになる。

《引き》の言い換え術は、いわば閉まりかけたエレベーターのドアのようなもので、思わず駆け込んでしまうのだ。

敗色濃厚の場合は〝次〟を見据える

営業は断られたところから始まる。

これは正しい。断る理由を論破すれば、もはや断る理由がなくなる、なるからだ。

営業の典型である得意先訪問の場合。

「どうです、この新車」

「ウーン、価格が、ちょっとねぇ」

ということであれば、

「いま金利キャンペーンをやっていますので、支払いについてシミュレーションしてみましょう。エー、下取りが××万円として」

パッパと電卓を叩き、

「どうでしょう」

「ウーン」

「じゃ、オプションをサービスさせていただいて」

と交渉に入っていく。

問題は、それでも相手が頑《かたく》なにノーの場合だ。

「エー、下取りが××万円として」

「いま買う気はないんだ」

「じゃ、オプションをサービスさせていただいて」

「買わないと言ったら買わないんだ!」

営業にならないどころか、縁切れになってしまうだろう。

こんなタイプのフトコロに飛び込むには、「結論」しようとしないことだ。

「どうです、この新車」

「買い替える気はないんだ」

「いま金利キャンペーンをやっていますので」

と押していっても、結論はノーが濃厚となれば、説得してはならない。

「買ってください」

という言葉を、

「ご感想をうかがえますか?」

と言い換えるのだ。

「どうです、この新車」

「買い替える気はないんだ」

「はい、結構です。できれば、私どもの参考として、ご感想など聞かせていただければありがたいのですが」

ニッコリ笑って、サービスのグッズでもプレゼントすれば、「しつこく売りつけられるのではないか」という心理的圧迫から客は解放される。

そして雑談を少しだけ楽しんでから、

「このあたりは、ちょくちょく参りますので、また声をかけさせてもらうかもしれませんが、よろしく」

と言っていったん引き上げれば、客のもとへの再訪問は可能となる。

こうして二、三度、顔を合わせることができれば、客のホンネもわかってくるだろうし、買い替えのネックになっている理由も見えてくる。そこを攻めていけばいいのだ。

ノーであっても、いかにそれを口にさせずして、〝次〟をつくるか。営業マンのウデは、ここにあるのだ。

「仏教名句」で説得に重みを持たせる

「自分の言葉」に重みを持たせたければ、名句・名言を用いればよい。

西洋のことわざでも有名人の言葉でも構わないが、重厚さにおいては、仏教名句にはおよばない。

たとえば、

「特別なことをするためには普段の自分でいられることが大事です」

とはイチローの名言で、不動心であることの大切さを説いているのだが、これを仏教名句で言い換えれば、

「心動《こころどう》ずれば山河大地《さんがだいち》も動《どう》ず」

となる。

心が動揺すると、動くはずのない山河や大地まで動くように感じられるという意味で、この名句を引いて、こんな説明をすればよい。

「これは江戸後期、〝近世真言宗の巨人〟と称えられた慈雲《じうん》の言葉でね。慈雲はこの句に続けて『心うごきなければ風雲鳥獣もその動揺なし』と一喝《いっかつ》する。心に動揺がなければ、風や雲、鳥獣のように絶えず動くものでさえも静止したものとして感じられるというわけだ。堂々とプレゼンしてきたまえ。キミならできる」

と言って励ませば、相手の心の中ではムクムクと自信が湧いてくることだろう。

あるいは、孤独ということについて、かのヘルマン・ヘッセは、

「人生とは孤独であることだ。誰も他の人を知らない。みんなひとりぼっちだ。自分ひとりで歩かねばならない」

という名言を遺しているが、これを仏教経典『無量寿経《むりようじゆきよう》』の一節に置き換えれば、

「人、愛欲のなかにありて、独《ひと》り生まれ独り死し、独り去り独り来る。身《しん》みずからこれを当《う》くるに、代わるものあることなし」

となる。私たちは、生まれるときも死ぬときも、ただ独りでその苦難と立ち向かわなければならない。誰に代わってもらうこともできない——という意味で、日本人の感性としては、ヘッセよりこっちのほうが腹にズシンと来るのではあるまいか。

私は僧籍にあり、法話について勉強をするのだが、ベテラン僧侶はこうした名句・名言をさり気なく説教に挟むことで、聴聞する人たちを感心させ、話に引き込み、

(この坊さんの言うとおりだ)

と納得させていく。

ポイントは、仏教名句はスラスラと口にしてみせることだ。どんな立派な言葉であっても、本を見ながら、

「人、エ〜、愛欲のなかにありて、エ〜と……」

と詰まりながら言ったのでは、ドッチラケ。非日常の言葉は、暗記していること自体が説得力を持つのだ。

だが、仏教名句を暗記するのは大変だ。そこで、**相手や状況に応じて使い分けられるよう、短めのやつをいくつか覚えておくことをおすすめする。**説得や、諭しに最適と思われる開祖の名句を三つほど選んでみたので、気に入ったものがあれば使っていただきたい。解説は適当にアレンジすればいいだろう。

転職や離婚など決断をためらっている人に対して、

「迷うな」

ということを言いたければ、

「選択とは、すなわちこれ取捨の義なり」

と言い換える。

これは浄土宗開祖・法然《ほうねん》の言葉で、「選び取るとは、他のものを捨て去ること」という意味であることから、「未練をいかに残さないか。その覚悟が問われているのだ」とでも解説すればよい。

口を開けば不平不満。他人の批判ばかりして、自分は何もしない人間を諭すには、真言宗開祖・空海《くうかい》の次の言葉がいいだろう。

「能《よ》く誦《しょう》し、能く言うことは鸚鵡《おうむ》もよく為《な》す。言って行わずんば何ぞ猩々《しょうじょう》に異ならん」

猩々とは、人間の言葉を理解し、酒を好むという猿に似た想像上の動物のことで、「口で言うだけなら鸚鵡でもできる。口ばかり達者で行動がともなわないならば猩々と同じではないか」と空海は言う。

この言葉を引いて、

「行動で人間は評価される。キミも私も、鸚鵡や猩々であってはならない」

と、諭しを展開する。

仕事でドジばかり踏んで悩んでいる人を励ますなら、天台宗開祖・最澄《さいちょう》の次の言葉に置き換えれば、大きくうなずくはずだ。

「最下鈍《さいげどん》の者も、十二年を経れば、必ず一験《いっけん》を得ん」

最下鈍とは「愚かで才能のない人間のこと」という意味で、最澄自身のこと。十二年とは、最澄が比叡山に籠《こ》もって修行した年数を言い、自身の体験を振り返って「どんなに愚かで才能のない人間であっても、一つのことを十二年続けていれば、必ず一つは秀でるものをつかむことができる」と、最澄は説く。

「だから、継続こそ力だよ」
そう言って、ポンと肩でも叩いてやればいいのだ。

人間心理の知恵の宝庫「戦時標語」

言い換えという技術において、是非は別として「戦時標語」ほど人間心理を衝《つ》いたものはないのではあるまいか。戦時標語を眺めるだけで、国家が国民に何を強いてきたかがよくわかる。

ちなみに戦時標語とは、戦意高揚《こうよう》・生活統制・精神動員のためにつくられた標語のことだ。戦争は国家と国民の存亡を賭した総力戦であるだけに、標語の一言一句は命懸けで作成された。説得という点において、戦時標語はまさに知恵の粋《すい》を集めたものと言っていいだろう。

時代は変われども、人間心理が普遍のものである以上、戦時標語に用いられた言い換え術を拝借しない手はあるまい。

たとえば日中戦争開始後、《挙国一致》《尽忠報国《じんちゅうほうこく》》《堅忍持久《けんにんじきゅう》》の標語を一つずつ大書したチラシが各戸に配られた。「尽忠＝忠義を尽くすこと」「堅忍＝じっと耐えること」「持久＝長く持ちこたえること」の意味だが、「挙国一致」「尽忠報国」はともかくとして、「堅忍持久」はいまでも威力を発揮する。

会社が苦しいとき、

「我慢してくれ」

とそのまま社員に言ったのでは、〝我慢のお願い〟になるため、

「なんでやねん」

と、社員は舌打ちの一つもするだろう。

ここは、

「わが社はまさにいま、時代の荒波のなかで堅忍持久の時期を迎えている。頑張っていただきたい」

とでも言えば、なんだか前向きで積極的なニュアンスがあり、勇ましく聞こえる。ホワイトボードに堅忍持久と力強い筆跡で書いてみせるのもいいだろう。**いちいち説明しなくても、字面《じづら》で意味は伝わる**のだ。

日中戦争の長期化による物資不足が深刻になると、《ぜいたくは敵だ！》という標語が現れる。簡潔明瞭にして、語呂が実にいい。

「うまいもん、食いたいなぁ」

「ぜいたくは敵だ！」

といった調子で、またたく間に国民に浸透していった。「ぜいたく」を「敵」と言い換えたところが天才的で、「辛抱」という惨めな気持ちを見事〝攻め〟に転じている。

これを応用すれば、

「南の島に行って、たまにはのんびりしてぇな」

と部下が不満をつぶやいたとき、

「忙しいときに、なに言ってやがる！」

と怒鳴ったのでは、

（ちぇっ、こき使いやがって）

と口をとがらせるだろう。

ここは、

「不景気のご時世だ。忙しいことに感謝しようじゃないか」

と、まずはやんわり諭しておいて、

「いいか、享楽は人生の敵だぞ！」

ビシッとクギを打ち込んでおけばいい。「人生の敵」という一言《いちごん》が強烈なフレーズとして耳朶《じだ》に残り、「そうかもな」という気にさせることだろう。

アメリカに宣戦布告し、戦争が始まると、《進め一億火の玉だ》という戦意昂揚はともかくとして、思わず唸《うな》るのが、《欲しがりません勝つまでは》という標語だ。公募した「国民決意の標語」の入選の一つで、当時、最も有名になったものだ。小学校五年生の作品として話題になり、スローガンとしてよりいっそうの効果を発揮する。戦後になって、父親の代作であることが判明するのだが、それはさておき、この標語のインパクトは、

「欲しいけど、手に入らない」

という不満を、

《欲しがりません》

という「自分の意志」に置き換えることで解消し、さらに《勝つまでは》という一語をくっつけることによって、

「勝てばいくらでも欲しいものが手に入るんだぞ。だから頑張ろう」

と、見事に戦意昂揚につなげていることだ。

作者にそこまで計算があったのかどうかはわからないが、この標語を選んだ側は、当然な

がらそこに気がついていたことだろう。

この標語を現代社会で用いるなら、部下が上司に対して口にするといいだろう。

「有休、残っているんだろう？　取っていいぞ」

「いえ。いりません、目標を達成するまでは」

ニッコリ笑顔で言えば、上司にしてみると、この部下が頼もしく、そして可愛く思えてくることだろう。

言い換えという技術において、人間心理を衝いた戦時標語は、かくのごとく時代を超えて通用するのだ。

第3章

人を動かす言い換え術

動かないヤツは「二者択一」話法で押し切れ

二者択一で迫る。

これが、相手を一気に押し切る鉄則である。

借金の取り立てを例にあげればわかりやすい。返済方法は「払う、払わない、待ってもらう」の三通りあるが、取り立てに行って、

「コラッ、借金、どないするねん。払う、払わない、待ってもらう――の三通りやで！」

と迫れば、

「ほなら〝待ってもらう〟でお願いします」

ということになってしまう。

ここは、「待ってもらう」という選択肢はカットして、

「コラッ、ゼニ払うのか払わんのか、どっちや！」

と二者択一で迫る。

借りていて払わないとは言えないので、答えは当然ながら、

「払います」

となり、取り立てる側はこれをテコにして、

「よっしゃ、わかった。で、いつ払うんや！」

と、さらに攻め込んでいくというわけだ。

あるいは、ウラ社会が得意とする恐喝も、二者択一が王道。

「おのれ、命かゼニか！」

「お金、出します！」

警察に駆け込むことや、**別の方法での解決という選択肢から目をそらさせ、意図した結果を手中にする。**

複数の選択肢があるにもかかわらず、二者択一に言い換える手法は、世間がそうと気づかないだけで、説得の常套《じょうとう》手段なのだ。９・11米同時多発テロが起こったとき、当時のブッシュ大統領は、

「文明の側に立つか、野蛮の側に立つか」

と全世界に呼びかけた。

要するに「おのれら、アメリカとテロリストと、どっちの味方すんねん」と二者択一で迫

ったわけで、各国は当然ながら、

「そら、アメリカの味方に決まってまんがな」

という返事になるため、

「よっしゃ、ほならみんなでテロリスト殲滅《せんめつ》や！」

イケイケの進軍ラッパになるのだ。

あるいは、二〇〇四年の民主党大会での、世評高いオバマ大統領（当時は上院議員）の次の演説を、どう読み解くだろうか。

「リベラルなアメリカがあるのではない。保守的なアメリカがあるのではない。あるのはただアメリカ合衆国なのだ。黒人のアメリカや白人のアメリカ、ヒスパニックのアメリカやアジア人のアメリカがあるのではない。あるのはただアメリカ合衆国なのだ」

アメリカとそれ以外しかない、諸君はどっちだ——と巧妙に二者択一を迫り、

「そら、わしらアメリカ人や」

という結論に誘導しておいて、

「アメリカ国民であるなら、一つにまとまろうではないか」

とアピールしているのだ。

あるいは二〇〇五年八月、郵政解散に打って出た小泉純一郎元総理もしかり。

「今回の選挙は、いわば郵政選挙であります。郵政民営化に賛成してくれるのか、反対するのか、それを国民に問いたい」

と、選挙の争点を二者択一にして国民に迫り、圧勝した。

その小泉を政界の師と仰ぐ安倍晋三総理も実に巧みで、「デフレからの脱却」という言葉を繰り返し口にすることによって、

「デフレのままでいいんですか？　それとも好景気がいいんですか？」

と、これまた言外に二者択一を迫り、

「そりゃ、好景気がいいに決まってるじゃん」

という結論へ誘導していくのだ。

「コーヒーと紅茶と、どっちにする？」

と問われて、

「じゃ、バナナジュース」

と答える人間はいない。

第三の選択肢があっていいにもかかわらず、二者択一で迫られると、どっちかを選択しよ

うとする。二者択一の言い換えは、この心理を衝《つ》くのだ。

部下のケツを叩くなら、

「もっと仕事しろ！」

と叱責するのではなく、

「やる気があるのかないのか、どっちだ！」

と二者択一に言い換えて迫ればよい。

誰だって「あります」と答えるはずだから、それをテコにして、

「やる気があるのに成果が出ていないのは、どういうわけだ！」

ガンガン攻めていけばいいのだ。

必殺フレーズ「キミならできるってみんな思ってるよ」

誉《ほ》める――これも相手をその気にさせるときの基本だ。

「なんだ、このミスは！」

完璧を求めて叱責するよりも、

「ほう、ここまでやれたのか」

と、うまくいった部分を誉めたほうが人間はやる気が出る。

「あら、九十点なの。もうちょっと頑張れば百点取れたのに」

とケツを叩いたのでは子供の気持ちは萎《な》えてしまうが、

「すごい！」

と感嘆してみせれば、勉強に対するモチベーションはうんと高くなる。

誉めてばかりでは有頂天になってしまうので、「賞賛」と「ケツ叩き」をセットにして、「七つ誉めて三つ叱る」と世間では教えたりする。その気にさせるということにおいて、子供も大人も方法論は同じである。

言い換え術の視点から見れば、これは正しい。ただし、ここで見逃してはならないのは、どちらも結果に対するリアクションであるということだ。

「契約、取れませんでした」

と報告され、

「そうか。しかし、キミはよくやった」

と誉めれば部下の気持ちは救われ、次に向けてファイトを燃やすだろうが、契約が取れなかったということにおいて大きなマイナスを出している。したがって、結果が出る前——すなわち着手する前にどういう言葉をかけるかが勝負となる。

声をかけられる立場として、私の経験を紹介しよう。

単行本の執筆を依頼され、締め切りの話になる。

「×月いっぱいでいかがでしょう」

編集者の提案に対して、

「ちょっと遅れるかもしれない」

と、私が〝保険〟をかける。

「向谷さんは執筆が速いから大丈夫だと思いますよ」

とヨイショしてくれるとうれしくなるが、このセリフは並の編集者。立場が言わせる主観的な感想の域を出ていないからだ。

これに対して、人間心理に通じた編集者は、笑顔でこう言い換える。

「向谷さんは締め切りに遅れないって評判ですよ」

このヨイショには、客観評価のニュアンスがある。立場が言わせているのではなく、周囲の客観的な評価を口にした言葉に聞こえるため、

（そうか、そう見られているのか。締め切りに遅れるわけにはいかないな）

と、私は自分に言い聞かせることになる。

これが《役割期待》を応用した言い換えである。役割期待というのは社会学用語で、「周囲が自分に期待ないし要求している役割の自覚」といった説明がなされるが、平たく言えば、

「期待に応えようとする心理」

ということになる。

私は保護司を拝命して十五年になる。少年から大人まで、非行や罪を犯した人の更生の手伝いをするのだが、彼らを励ますとき、私は役割期待の言い換えを心がけている。

たとえば、就労先が決まった対象者の青年が不安を口にしたとする。

「キミならできる」

という励ましは、「キミならできると私は思う」という主観であるため、対象者は励ましであると理解しつつも、自分に対するケツ叩きと感じてしまうだろう。

私は、こう言い換える。

「キミならできるって、みんな思ってるよ」

論拠はなくても、客観評価的なニュアンスで励ませば、

（そうか、自分はやれるんだ）

という顔つきになり、役割期待に応えようと彼らがファイトを燃やすことを、私は経験で学んだのである。

部下や後輩に仕事を命じて、

「私にできるでしょうか」

と不安を口にしたときは、

「キミならできる」

と励ますのではなく、

「キミにできないはずがないというのがみんなの一致した考えだ」

と言い換えること。

そうすれば、彼らは渾身の力を傾注し、結果、仕事もうまくいくのだ。

迷っている相手は〝究極の仮定〟で煽れ！

決断を迫るとき、あるいは断念を迫るときの魔法の言葉がある。

「もし」

という仮定の問いかけである。

たとえば、

「会社に行きたくない」

と友人が悩んでいたので、

「転職したら？」

とアドバイスしたが、友人がなかなか踏ん切れないでいるとしよう。

そこで、**「もし」という仮定の問いかけを使うのだが、あり得そうな事態ではなく究極の状況を想定してみるのがポイントだ。**

「もし、余命一日と宣告されて、キミはいまの会社に明日も出勤するのかい？」

「まさか」

「それなら転職したら？」

友人は大きくうなずくはずだ。

知人の息子が結婚三年目にして離婚すべきかどうか悩み、私のところに相談にきたことがある。別れようと思っているのだが、踏ん切りがつかないのだと言う。しがらみもあれば、世間体《てい》も気になるのだろう。

私は、こう言った。

「ところで、キミもカミさんも百歳まで生きるとしたら、あと何年、一つ屋根の下で暮らすことになるんだい？」

「七十年……」

彼は、その場で離婚を決断した。

「もし」という仮定が、いかに決断に影響するかは、アップルの創設者である故スティーブ・ジョブズが如実に語っている。彼の有名な言葉として知られるのが、スタンフォード大学で行った卒業祝賀スピーチだ。

彼は言った。


私は毎朝鏡を見て自分にこう問いかけるのを日課としてきました。

「もし今日が自分の人生最後の日だとしたら、今日やる予定のことを私は本当にやりたいだろうか？」

それに対する答えが「ノー」の日が幾日も続くと、そろそろ何かを変える必要があるなと、そう悟るわけです。

あるいは、私が僧籍を置く浄土真宗の開祖・親鸞《しんらん》は幼くして両親を亡くし、九歳の春、僧侶となるべく天台宗青蓮院《しょうれんいん》の門をくぐるのだが、

「今夜はもう遅いゆえ、また出直してまいられよ」

と院主の慈円《じえん》が言うと、

明日ありと　思う心の　仇桜《あだざくら》　夜半《よわ》に嵐の　吹かぬものかは

という歌に託して、

「いま咲き誇っている桜も、夜のうちに嵐に遭って散ってしまうかもしれません。私が明日まで生きている保証がいったいどこにありましょう。お願いですから、いま得度《とくど》させてください」

と訴え、これに深く感じ入った慈円は、その夜のうちに得度の儀を行う。

このエピソードは、「明日を恃《たの》みにしてはならない、いまこの瞬間を生きよ」ということ

を語っているのだが、これを「説得術」の視点から見るなら、ジョブズ同様、「もし今日が自分の人生最後の日だとしたら」という〝究極の仮定〟によって慈円を説得したことになるのだ。

優柔不断な上司のケツはこうして叩け

部下のケツを叩くのにそれほど躊躇する必要はないだろうが、反対に、上司にハッパをかけるのは難しい。

「失敗したら責任を取っていただきます」

「お前に言われる筋合いはない！」

一喝されて終わり。

だが、序列社会においては、上司の決断がなければ部下は行動できない。優柔不断な上司を持てば、それだけ決断が遅れ、部下にしわ寄せがくる。上司のケツは、どうやって叩けばいいのか。

参考になるのが、山本五十六《いそろく》である。不戦平和を求め、最後の最後まで戦争に反対しながら、いざ開戦のご聖断が下るや、連合艦隊司令長官としてハワイ真珠湾奇襲攻撃を成功させ、その二年後、ソロモン諸島で戦死する。波乱の人生は小説に、劇画に、映画になり、「男の生き様はかくあるべし」として語り継がれている。

その山本五十六が、近衛文麿《このえふみまろ》首相からこう質問される。

「万一、日米交渉がまとまらなかった場合、海軍の見通しはどうでしょうか」

戦争して勝てるか——という質問に対して、

「是非やれといわれれば、初めの半年や一年は、ずいぶん暴れてごらんにいれます。しかし二年、三年となっては全く確信は持てません」

と答えてから、

「もし戦争になったら、私は飛行機にも乗ります。潜水艦にも乗ります。太平洋を縦横に飛びまわって決死の戦をするつもりです。総理もどうか、生やさしく考えられず、死ぬ覚悟で交渉に当たっていただきたい」

と告げた。

「死ぬ覚悟で交渉してください」

といきなり言ってケツを叩いたのでは〝傍観者〟になり、交渉に当たる当事者としては、

（お前に言われたくない）

ムッとするだろう。

ところが、**「私も死ぬ覚悟でいます」と〝当事者〟の言葉で言い換えておいてから、**

「だから、あなたも死ぬ覚悟で」

と迫れば、

「よし、わかった」

と気合いが入ることになる。

これが上司や目上、先輩のケツを叩く言い換え術であり、人間心理に通じた山本五十六ならではの説得術ということになる。

「課長、例の案件、決裁を取っていただけましたでしょうか？」

「それが、まだなんだ」

「早くしてくださいよ」

とケツを叩いたのでは、

「私だって忙しいんだ！」

と、逆ギレもするだろう。

　ここは、

「今度のプロジェクトにゴーサインが出れば、私は寝食を忘れて取り組む覚悟でいます。どうか意のあるところを汲んでいただき、課長の熱意で部長を口説いていただければと存じます」

　と言い換えれば、上司としても「これは頑張らねば」と気を引き締めるものだ。これがケツを叩かずして叩く言い換え術なのである。

「ものは言いよう」、言い方一つで人は動く

　ものは言いよう、という。

　このことを私が腑に落ちて理解したのは学生時代、デパ地下のお総菜屋でアルバイトをしたときである。

　この日は鮭《さけ》の特売をやるというので、

「安いよ、安いよ！　今日は鮭が安いよ！」

　と、張り切ってガナったところが、

「ちょ、ちょっと、キミ」

店長があわてて、

「安いじゃなくて、お買い得と言うんだ」

と耳元で注意した。「安いよ」と言って呼び込んだのでは、客はプライドがあるため、買いたくても寄ってこないのだという。

「そんなもんですか」

「そんなもんだ」

と自信に満ちた声で言うので、「安いよ！」をやめて、

「本日のお買い得ですよ！」

と言い換えてみると、客がどんどん集まってきたではないか。「ものは言いよう」とはこのことかと感心し、腑に落ちて納得したことを四十余年たったいまも鮮明に覚えている。

たとえば、健康食品の一ヵ月分が六千円とすれば、

「一日わずか二百円」

と言い換えてセールスすればよい。

水で半分薄めたジュースは、

「天然果汁五十パーセント」

と言い方を換える。

さらに「リーズナブル」や「財布にやさしい」といった言い換えは、日常的に耳にしているはずだ。

駅から遠い戸建てを売るときに、「駅からバスで、たったの××分」と言い換えるのは不動産業の常識だ。ウソを言えば詐欺になるが、ものは言いようで「事実」なのだから、

「相手に応じて、強調する部分をいかようにも変えていく」

と、不動産販売を手がける私の知人は言う。

たとえば、辺鄙《へんぴ》な場所に建つ住宅を売る場合。

小さな子供がいる若夫婦には、

「見てください、この自然の豊かさを。トンボ、カブトムシ、蝶々、ザリガニ……。子育ての環境として、これ以上の場所があるでしょうか？」

子離れした実年以降の夫婦であれば、

「どうです、空気が違うでしょう。都会の喧噪を離れ、四季の草花を愛《め》でながら朝夕の散歩。健康にもいいし、人生の至福ですね」

反対に、駅前のマンションを売るときは、徹底して利便性を強調し、

「自然が豊かというのは、要するに不便だということなんです。そんな言葉に騙されちゃいけませんよ」

これが、ものは言いようの言い換えなのである。

理屈が通じない相手は「男気」を刺激する

不倫に走り、家庭を捨てようとする子持ちの男性を思いとどまらせるには、何と言って説得すればよいか。

「あなたは、そんな人ではない。今にきっと家族の温かみに気づくはず」

と〝ヨイショの説得〟もあれば、

「人間として最低だ」

と〝非難の説得〟もある。

「父親として無責任ではないか」

と責任論を振りかざす説得もあるが、

「そんなこと、わかっとるわ！　だけどオレは自分のたった一度の人生に悔いは残したくないんや！」

と居直られたら、それまで。理屈は感情に負けてしまうのだ。したがって、**ヨイショしてもダメ、責任論を持ち出してもダメ、懇願も熱意も通じない相手を説得するときは、理屈でなく、感情に訴えればいいということになる。**

その極めつけが、《男気の刺激》という言い換えだ。

「あんたはいいだろう。しかし残された子供たちはどうするんだ？　路頭に迷うことになるぞ。あんたはそれでも男か？」

こう言われれば、

「人生に悔いは残したくないんだ！」

と居直るのは、ちょいと難しくなるだろう。

あるいは、赤字で苦しむ経営者。

「会社を畳むことにする」

と告げられ、

「無責任です！」

と非難しても、

「やむを得ない」

と経営者は居直るだろう。

ここは、

「あなたは、社員とその家族を犠牲にしてまで楽になりたいのですか?」

と、《男気の刺激》に言い換えるのが正しい攻め方ということになる。

こんな例がある。一九八七年七月十七日、「石原軍団」を率いた石原裕次郎が肝臓ガンにより、五十二歳の若さで亡くなったときのことだ。誰が石原プロを継ぐのか。軍団と呼ばれるだけに、次期社長には求心力が求められる。石原プロの大番頭であったコマサこと小林正彦専務は、渡哲也しかいないと説得に乗り出すが、

「自分は社長の器ではない」

と、頑《がん》として断る。

裕次郎は生前、自分に万が一のことがあったら石原プロは解散ということを、副社長である渡哲也に伝えていたとされ、渡はその約束を守ろうとしたのである。また、「俳優は一匹狼であるべきだ」との原点にもどって、仕事を選びながら俳優の仕事を続けていきたいとい

う気持ちも強かったともいわれる。石原プロ解散という裕次郎の生前の意向も、役者としての渡哲也の信念も承知していて、小林専務は説得をしたのである。

しかし、一徹な渡哲也はそれを断る。そこで人間心理に通じた小林専務は、正面からの説得から《男気の刺激》へと言い換えるのだ。

「哲よ、お前さんはいいよ、やめても食べていけるから。では、食えないヤツはどうする。それでもお前さんは平気なのか？」

渡哲也の責任感と人情の厚さを逆説的に衝くことで、渡の男気に訴え、説得に成功。石原軍団は渡のもとに結束し、隆盛を誇る。

「みんなを助けるためにはキミの力がいる」

と言って説得できなければ、

「キミは、みんなを見捨てるのか」

と《男気の刺激》に言い換えてみればいいのだ。

目的に応じて使い分ける数字の変換レトリック

「走れ！」

と命じてもチンタラしている人間は、ケツに火をつけてやればよい。

「アチチチッ！」

と絶叫しながら、そこいらじゅうを走りまわることだろう。

それと同じで、人に命じて何かをやらせようとするなら、ケツに「締め切り」という火をつけてやればよい。「アチチチッ！」と必死で取り組むはずだ。ここに「数字」の言い換えが登場する。

私の空手道場を例に説明しよう。

「稽古をしろ！」

とハッパをかけても、なかなかその気にはならない。易《やす》きに流れるのが人間の常で、稽古しなくてはならないとわかっていながら、ついサボってしまう。

そこで、「試合まで、あと三ヵ月しかないぞ！」とハッパをかけるが、

（まだ三ヵ月もあるじゃん）

と、気合いがイマイチ入らない。

そこで私は、こう言い換える。

「三ヵ月は十二週間。日曜が十二回きたら試合だぞ！」

「たった十二回！」

これが数字の言い換えで、ケツに火をつけられた選手は、アチチチッと必死で練習を始めることになる。

もう一例をあげよう。

他会派の友人師範から、琉球古武道を手ほどきしてほしいと頼まれたときのことだ。琉球古武道は釵《さい》や棒、ヌンチャク、トンファーといった武器を用いるもので、私の道場では空手と併せて稽古していることから、他会派から指導を依頼されることがある。

「毎月第一週の土曜日、午後三時からだったら時間が取れますが、来られますか？」

と問うと、

「大丈夫です。月に一回ですから」

と余裕の返事だったので、私は念を押した。

「一ヵ月のなかの一日だと思えば、容易に都合はつけられるでしょう。しかし、土曜日は月にたったの四回。まして第一土曜日は一回しかありませんよ」

これを聞いて師範はハッとした顔をして、

「来ます。なんとしても」

月一くらい、なんとでもなるさ——と、安易に考えていた自分を叱りつけるように言ったのだった。

数字は絶対値である。「一年＝三百六十五日」という時間は世界中、どこへ行っても変わらない。だが前述のように、**絶対値であっても、提示の仕方によって受け取る感覚はいかようにも変わる**。これが数字を用いた言い換えであり、目的に応じて使い分けることで説得力が増すのだ。

ダイエット用のサプリをＰＲするとき、

「一ヵ月で二キロ減量」

と言ったのではインパクトが小さいが、

「半年で十二キロの減量」

と言い換えれば、

「あら、すごい！」

ということになる。

値段の言い換えはその反対で、

「半年間で一万二千円」

と言えば高く感じるが、

「月々わずか二千円」

さらに、

「一日、たったの六十六円！」

と煽れば、

「あら、安い！」

と飛びつくことになるのだ。

「過程」から目をそらさせ、「結果」を見せろ

不満は「過程」に生じる。

「こんな仕事、やってられません！」

と部下や後輩がキレたら、彼らは自分では気がついていない場合が多いが、実のところ「過程」にイヤ気がさしているのだ。

「やってられねぇよ！」

と不満を爆発させるのは、横暴な客、陰険な上司、面白味のない仕事、契約を取るためのヨイショなど、パターンは様々だが、すべて「仕事の完遂に至る過程」に対してだ。

したがって彼らをなだめ、迷うことなく仕事に邁進させようとするなら、**言い換えによって「過程」から目をそらさせ、「結果」を強調すればいい**ということになる。

私が感心したのは、取材で会ったソープ経営者だ。新人ソープ嬢の不安を和らげるため、彼は私の目の前でこともなげに、女の子にこんな言い方をした。

「ウッフンって声だけ出して、あとは他のこと考えてりゃいいの。それでカネが稼げるんだから結構なことじゃないの」

そうか、ウッフンて声を出すだけじゃん——と思ったのだろう。若いソープ嬢は、この言葉にニッコリ笑顔で大きくうなずいたものだ。

こうした言い換え術を知らない経営者は、

「ソープだけじゃなく、どんな仕事だってつらいことはあるさ。でも、努力は必ず報われるんだ。頑張って稼ごうじゃないの」

と、「過程」の部分で説得しようとするから、

（ウーン、どうしよう）

と相手は決断をためらうことになる。

私にこんな経験がある。

ライターとして駆け出し当時、ゴーストライターをずいぶんやった。ゴーストライターは洋服の仕立て職人と同じで、クライアントの希望に応じて原稿を書くのが仕事。会社経営者から芸能人まで、自伝を中心にいろんなジャンルをこなしてきたが、

（ちょっと、どうかな）

と、仕事を引き受けるかどうか迷ったのが、ある教団の教祖の自叙伝である。

某広告代理店が、この教団のＰＲ部門に食い込もうとして営業を仕掛けており、アプローチの前段として、教祖の自伝をプレゼンしたいという依頼だった。営業部長に同行して教団にプレゼンに出向いたのだが、教祖の話は、いかにして信者からカネを集めるかということばかり。聞いているうちにイヤ気がさしてきたが、営業部長は熱心にうなずき、辞するとき

は、本尊のキンピカの仏像に向かって手を合わせ、深々と拝礼したのだ。

「あれはインチキ宗教ですよ。よく手を合わせられますね」

帰途、新幹線のなかで私がイヤ味を言うと、営業部長は真顔で、

「私はご本尊に手を合わせたんじゃない。お金だよ、お金。どうか、今度の仕事がうまくいきますようにってね」

彼の頭のなかにあるのは、仕事をものにするという「結果」だけであって、インチキ宗教の教祖に頭を下げるという「過程」に対する嫌悪もなければ、忸怩《じくじ》たる思いもない。結局、私はこの仕事を断るのだが、

「お金に手を合わせる」

という営業部長の〝ものの見方〟は、説得の言い換えに使えると思ったものだった。

岩崎弥太郎といえば、三菱財閥の創始者で、明治の動乱期に政商として巨利を得た人物として知られるが、こんな言葉を遺《のこ》している。

「得意先の番頭や小僧に頭を下げると思うから悔しくなるのだ。今後はこの扇子を開き、小判に頭を下げると思ってやるがいい」

そう言って、弥太郎は一枚の小判を扇子に張りつけたという。

明治維新によって世の中がひっくり返り、士族は商人になったもののプライドを捨てきれず、得意先まわりをして頭を下げることに屈辱の涙を流していた。これでは商売にならない。そこで弥太郎は、「頭を下げる」という「過程」をすっ飛ばし、

「相手は小判だ。気にするな」

と「結果」に目を転じさせたというわけだ。

これが凡庸な経営者であれば、

「耐えろ。辛抱する木に花が咲く」

とかなんとか、「過程」において説得するだろう。

だから、うまくいかないのだ。

こうしてみると、「ウッフンと声を出すだけだ」と言ったソープ経営者も、「ご本尊に手を合わせているわけじゃない」と真顔で語った営業部長も、岩崎弥太郎に劣らぬ〝言い換えの達人〟ということになるのだ。

個性に応じた言い換えでその気にさせる

「人《にん》を見て法を説け」

とは、お釈迦さんの言葉だ。

しかるに私たちは、「説得すべきテーマ」が最初にあり、説得によって相手を引き込もうとする。つまり、自分が決めたサイズの靴に相手の足を合わせようとするわけだ。これでは相手は「冗談じゃない」ということになる。

「だから、靴を履かせようとするなら、相手の足に合わせたサイズを用意しなさい」というのが、「人を見て法を説け」という意味になる。**同じ内容であっても、相手に応じていかに言い換えるか。ここに説得の巧拙が出る**のだ。

この項では、言い換えの妙として、エスニック・ジョークを紹介しておこう。ユーモアを用いて説得の本質をズバリと衝くところは、大いに参考になるはずだ。ちなみにエスニックとは、民族的な、異国の、風変わりな、といった意味の形容詞で、一般的にエスニック料理などの言葉がある。ここで紹介するのは、民族性に応じた言い換え術であり、「民族性」を

「個人」に置き換えれば、会社など対人関係でも使えることになる。
まず、様々な国の人間が乗った豪華客船が沈没しそうになる。
「海に飛び込んでください！」
と言ったのでは、当たり前すぎて、客たちは積極的に行動しないだろう。客たちをその気にさせるため、船長はこう言い換えた。
まず、ロシア人には、海を指さして、「あっ、大変！　ウォッカの瓶が流れています！」
イタリア人には「見てください！　美女が泳いでます！」
フランス人には「決して海には飛び込まないでください！」
イギリス人には「こういうときにこそ紳士は海に飛び込むものです」
ドイツ人には「規則ですから飛び込んでください」
アメリカ人には「あなたには保険金がかかっていますから、安心して飛び込んでください」
そして日本人に対しては「みなさん飛び込んでますよ」
ついでに、日本をライバル視する韓国人に対しては「日本人はもう飛び込んでますよ！」と煽《あお》る。

これを対人関係に置き換えれば、損得で動く人間には利益に目を向けさせ（ロシア人タイプ）、天《あま》の邪鬼《じゃく》には「やってはいけない」と逆のことを言い（フランス人タイプ）、プライドの高い人間には名誉をチラつかせる（イギリス人タイプ）。さらに、組織に忠実な人間には規則を持ち出して強制し（ドイツ人タイプ）、付和雷同するタイプは「バスに乗り遅れるぞ」と煽ると（日本人タイプ）、労せずして説得することができるというわけだ。

第４章

迫ってくる相手をいなす言い換え術

「ノー」と言わずに相手を門前払いするひと言

ケンカした相手から、

「水に流そうじゃないか」

という申し入れがあったときに、どう応対すればいいか。

和解の意思があれば、それを受け入れればすむことだが、怒りが収まっていない場合の応対は難しい。

その気がないからといって、

「フン、何をいまさらよく言うよ」

と、木で鼻をくくったような応対をすると、

「せっかく和解を申し入れているのに、なんだ、その態度は」

と悪者にされてしまう。

さりとて、和解を受け入れる気もないし、顔も見るのもイヤだ、となれば、返答に知恵を絞らなければなるまい。

参考になるのは、二〇一四年度ノーベル物理学賞を受賞した日本人三人のうちの一人、中村修二氏（米カリフォルニア大サンタバーバラ校教授）と、同氏がかつて在籍した日亜化学工業のケンカだ。中村氏は、日亜化学工業在職時に青色ＬＥＤを発明。日亜側に発明の報酬を求める訴訟を起こし、日亜側が総額八億四千万円を支払うことで和解しているが、ノーベル賞受賞を機に、日亜化学工業と関係の改善を図りたいと記者会見で述べた。

さて、これに対して、日亜は何と応じたか。

「弊社歴代社長と弊社に対する深い感謝を公の場で述べておられ、それで十分と存じております。中村教授が貴重な時間を弊社へのあいさつなどに費やすことなく、研究に打ち込まれ、物理学に大きく貢献する成果を生みだされるよう、お祈りしております」

事実上の和解拒否。門前払いのコメントを発表したが、これが実にうまい言い換えになっている。

「深い感謝を公の場で述べておられ」「それで十分」という言葉は、

（ハハーン、中村教授は礼を尽くしてあやまり、日亜はそれを了としたんだな）

と、世間が受け取るような言い換えになっている。

「貴重な時間を弊社へのあいさつなどに費やすことなく」

という言葉は、

「来ても会う気はない」

という門前払いの言い換えになっていて、ここに世間は日亜の強気の姿勢を見て取るだろう。

末尾の「お祈りしております」に至っては、

「ま、せいぜい頑張れよ」

というイヤ味を、丁重な言葉に言い換えたものだ。

日亜は丁重な文言と、計算された言い換えによって、世間の批判を招くことなく一蹴してみせたものと、私はこのコメントを読んで感じたのである。

「水に流そやないか」

「その気持ちで十分や」

「会いに行きたいんやが」

「貴重な時間、もったいないがな」

「ケンカしたまま死にとうないんや」

「なに言うてんねん。しっかり頑張りや」

これが、門前払いの言い換えなのだ。

ポイントはノーの返答をしないこと。**相手に対して、ノーを一言も発することなく丁重な言葉で応対すれば、それが門前払いであれ一蹴であれ、相手は噛みつくことはできないし、このやり取りを聞いた周囲から非難されることもない**のだ。

前言を翻すときには「恫喝」の言葉を加える

前言をいかにして翻《ひるがえ》すか。

ここが、信用を懸けた勝負となる。

「確かにあのときはそう言った。しかし、状況が変わった」

と頭を下げれば「釈明」になり、ふんぞり返って言えば「開き直り」になる。

「私の考え方が間違っていた」

と、**頭を下げれば「お詫び」になり、口をとがらせて言えば「撤回」になる。**釈明も、お詫びも、開き直りも、撤回も、どれをチョイスしても非難囂々《ごうごう》。信用は地に落ちてしまうのだ。

そこで、言い換え術の出番となる。

参考になるのは、「ナニワのケンカ師」と異名を取る橋下徹大阪市長だ。

彼のケンカ術については、拙著『橋下式 絶対負けないケンカ術』（祥伝社黄金文庫）でくわしく解説したが、そもそも私が彼に注目したのは、政治家に転身した大阪府知事選挙である。橋下氏は「子供の笑顔」をキャッチフレーズに選挙を戦った。校庭の芝生化、保育施設の整備など出産・子育て支援を中心とした十七の重点事業を掲げて圧勝。「出産・子育て支援事業」は〝橋下人気〟を支える重要な柱だった。

ところが府知事に就任後、財政状況をよくよく見て、

（ヤバイ！）

と思ったのだろう。

暫定予算を組むにあたって、

「財政再建が第一。大阪府が転覆してしまっては元も子もない」

と堂々と言ってのけ、「出産・子育て支援事業」の凍結を表明したのである。

前言をケロリと翻したのだから、

「コラッ、ウソつき！」

「おのれ、道頓堀に突き落としてまうぞ！」

大阪府民から囂々たる非難が起こって当然のはずだが、そうはならなかった。非難どころか〝公約違反〟にもかかわらず、橋下人気の圧倒的支持は続いたのである。

なぜか。

その理由は、「財政再建が第一」のあとにさりげなくつけ加えた一語――「大阪府が転覆してしまっては元も子もない」にある。

これが凡庸な政治家であれば、こんな言い方をするだろう。

「子育て支援は必ずやります。しかし財源が不足しています。いまの財政状況を建て直すためには、誠につらいお願いではございますが、みなさまにも〝痛み〟を共有していただかなくてはなりません」

これは「釈明」と「お詫び」であるため、

「コラッ、そんなことはハナからわかっとるやないか！」

と府民の怒りを買うことになる。

橋下氏は、そんなことは言わない。

「財政再建が第一。大阪府が転覆してしまっては元も子もない」

という言葉には、

「私だって子供の笑顔が見たい。出産・子育ての支援をしたい。だが、いまそれをやって大阪府が転覆したらどうなるんですか。子供の笑顔どころか、府民こぞって泣き顔になってしまいます。それでもいいんですか！」

という言外の「恫喝」が潜んでいるというのが、私の見立てで、

（言われてみれば、橋下はんの言うとおりや。大阪が潰れてもうたら元も子もあらへん）

と、なんとなく納得してしまう。

これが、前言を翻す恫喝的言い換えなのである。

「社長、来年は給料を上げてくれるとおっしゃったじゃないですか」

「確かに言った。しかし、いまは売上を伸ばすことが第一だ」

と言ってから、

「会社がつぶれたら元も子もないぞ」

と一言つけ加えれば、

（ホンマや）

ということになる。

「何よ、お酒、やめると言ったじゃないの」

深夜、酔って帰ってきて、カミさんが目くじら立てたら、

「確かに言った。しかし、いまは上司と一杯飲んで絆を強くすることが第一だ。リストラされたら元も子もないぞ」

と言えば、カミさんも返す言葉はあるまい。

「バカ野郎、値引なしでも売れると言ったじゃないか！」

前言を盾に上司に追い込まれたら、

「確かに申しました。しかし、ここは売ることを第一に考えるべきだと思いました。断られたら元も子もありませんから」

非難もされず、信用も損なわずして前言を翻すとは、こういうことをいうのだ。

批判は「壁打ちテニス」の壁になって跳ね返せ

「残業代を上げてください」

「ダメだ」

と、頭から突っぱねれば、

「じゃ、辞めます！」

ヘタをすれば労使紛争になりかねない。

「上げたいけど、会社も厳しいんだ」

と理解を求めれば、

「じゃ、経営陣も身を切るべきでしょう」

ヤブ蛇になることもある。

では、どうするか。

私が昇空館という空手道場を主宰していることは先に紹介したが、ある空手団体の総会で、こんなことがあった。

「意見を聞かない」

「独善的だ」

「このままでは組織が衰退する」

若手から不満が噴出した。

「黙れ、文句を言うのは十年早い！」

と、一喝してすんだ時代は今は昔で、空手界も民主主義の時代なのだ。

さりとて、

「そんなことはない」

と、頭から否定すれば火に油。

「ごもっとも」

と認めると、責任問題に発展していく。

攻めることも、退《ひ》くこともできない。団体の役員たちが返事に窮して立ち往生したとき、長老がおもむろに口を開いて、若手たちにこう言ったのだ。

「諸君の言うことはよくわかった。そのうえで、あえて問いたい。諸君は組織発展のために、これまで何をしてきたというのか。批判をする前に、胸に手を当てて我が身に問うていただきたい」

今度は若手たちが言葉に窮した。これが「壁打ちテニス式」の言い換えで、**相手の要求や主張、批判を〝壁打ちテニス〟の要領で、長老はそっくりそのまま跳ね返してみせた**のである。

一九六一年一月、ジョン・F・ケネディが行った大統領就任演説は、「歴史に残る名演説」

といわれる。ケネディ新大統領はワシントンＤＣの連邦議会議事堂の石段に立って力強く、真摯に、そして誠意をもって国民にこう呼びかけた。

「わが同胞のアメリカ人よ、あなたの国家が、あなたのために何をしてくれるかではなく、あなたがあなたの国家のために何ができるかを問おうではないか」

米ソ冷戦の時代。一触即発の危機の真っ只中で、ケネディはこの言葉をもって愛国心の喚起に成功する。

「国は、俺たちのために何をしてくれたんだ」

という国民の潜在的不満に対して、ケネディは〝壁打ちテニス〟の壁になり、

「あんたたちこそ、国のために何をしてくれたんだ」

と、そっくり打ち返してみせ、

「そうだ、俺たちは何もしていなかったじゃないか」

と、国民に我が身を振り返らせることに成功したというわけだ。

「給料を上げてください」

と言ってきたら、

「気持ちはよくわかった。だが、賃上げ要求をする前に、会社発展のためにみなさんがなす

べきことは何か、みずからに問うていただきたい」

と打ち返す。

部下が文句を言ってきたら、

「上司の批判をする前に、自分たちは部下として本分を尽くしているかを考えてほしい」

と打ち返す。

力強く、真摯《しんし》に、そして誠意をもって〝壁打ちテニス〟の「壁」になればいいのだ。

しつこい要求は「自己説得」で退散させる

「来週、休暇を取りたいんですが」

「ダメだ」

にべもなくハネつける上司は三流。部下の恨みを買い、人間関係は壊れてしまうだろう。

これでは人を使うことはできない。

では、

「ダメだ。忙しいのはわかっているだろ」

と、ノーの理由を説明する上司はどうか。

これも二流。

(忙しいのはわかるけど、なんとかならないのかよ)

と部下に不満が残るからだ。

一流上司は、たとえば次のような会話にもっていく。

「来週、休暇を取りたいんですが」

「いいよ。で、キミが担当している××関係の仕事は誰がやる?」

「A君に頼もうかと思います」

「そうか。しかし、Aはいま手一杯じゃないか?」

「無理ならB君に」

「担当が違うだろう。大丈夫か?」

「わかるように説明しておきます」

「ところで、万一、緊急事態が発生した場合は、キミに連絡を取るということで構わないかな」

「……。休暇は結構です」

ノーと言われたら不満が残るが、巧妙な質問で追い込み、トラブルが起こったときのことをイメージさせ、

「やっぱり俺がいなければダメか」

と**結論を部下自身に出させることによって、不満も恨みもいだかせることなく目的を遂げる**。これが心理学でいう「自己説得」であり、他人から説得されるよりも、自己説得のほうが効果が高いとされる。

私が知る若いパパは、とてもしつけ上手だ。

「パパ、ゲームソフト買って」

と小学生の子供にねだられると、

「いいよ」

と笑顔で言って、

「だけど、パパ、困っちゃうな」

「どうして?」

「買ってあげたいんだけど、誕生日でもないしさ。プレゼントする理由が見つからないから困っちゃうんだ」

「……」

「ママのお手伝いをしたとか、勉強を頑張っているとか、妹の面倒をみているとか、何かないかな？」

子供は自問し、

（パパの言うとおりで、プレゼントしてもらう理由がない）

と無意識に自己説得し、買ってもらえなくても納得する。

これがフツーの父親であれば、

「ゲームソフト買って」

「ダメ」

とハネつけるか、

「誕生日まで待ちなさい」

と言うだろう。

だから、子供に不満が残る。ところが、この賢いパパは「ダメ」を「プレゼントする理由がない」と言い換えることによって、子供に自問させ、自己説得にもっていくというわけである。

「デパートでとても素敵な指輪を見つけたんだけど」

「ダメ」

とハネつけるのは論外としても、

「どこにそんなカネがあるんだ」

と渋い顔を見せれば、相手に不満が残る。

そこで、

「いいよ。いくらくらいするんだろう」

「五十万くらいかしら」

「すぐにでもプレゼントしたいんだけど、もう少し頑張ればマンションの頭金が貯《た》まるんだけどな」

「そうよね」

指輪をおねだりする自分が間違っていた――と相手が自己説得すれば不満も残らず、仲のいい関係でいられる。「ダメ」の言い換えが勝負なのだ。

「言い訳」を「謝罪」に換えて禍を福となせ

人間は誰でもドジを踏む。

誰もが成功するとは限らないが、失敗なら誰もがする。だからドジを踏んだとき、あるいは図らずも悪行をしでかしてしまったとき、いかにして幕引きを図るかが勝負になる。

まず、最悪の例として、かの鳩山由紀夫《はとやまゆきお》元首相。

沖縄普天間《ふてんま》基地移設について、

「最低でも県外」

と大ミエを切ったものの、自分の力ではどうにもならないとわかるや、

「あれは公約ではなかった。私の個人的な考えだった」

と言い訳をしてしまい、これが引き金になって周知の大バッシングとなる。「言い訳は絶対に許容されない」ということを鳩山サンが知らなかったとすれば、人間心理にあまりに無頓着。これも〝お坊ちゃん〟ゆえかと言いたくもなるだろう。

これに対して、「うまい！」と感心したのが、佐村河内守《さむらごうちまもる》氏のゴーストライターとして世

間を騒がせた新垣隆《にいがきたかし》氏だ。佐村河内守氏からの依頼で二十曲以上を提供し、報酬として約七百万円を受け取っていたわけだが、彼がもし、

「私はやりたくなかったんですが、どうしても断り切れなくて……」

と第一声で言い訳をしていたら、

「この野郎、ゼニもらっておいて何を言いやがる！」

大バッシングで世間から抹殺されていただろう。

彼は記者会見で、こう言った。

「私は佐村河内さんの共犯者です。申し訳ございませんでした」

共犯者――すなわち「私は罪人です」と非を認め、謝ったのである。しかも謙虚な態度が好感をもって世間に受け入れられ、それほどのバッシングは受けなかった。バッシングどころか、

「会見での新垣さんの姿に心を打たれた」

という同情の声もあがり、結果として収入は五割増し。テレビのバラエティ番組にも出演するなど〝ゴーストライター事件〟は新垣氏にプラスに働いたということになる。

新垣氏に、そこまでの計算はなかっただろう。だからこそ、彼の謙虚な人柄が世間に伝わ

ったのだと思うが、これを説得術の視点から見れば、**「私はやりたくなかった」**という言い**訳を「共犯者です」と言い換えたところにポイントがある。**

人間には、水に落ちた犬は助けるのではなく、叩くというサディスティックな一面がある。非道を犯したワルが、市中引き回しのうえ獄門さらし首にされるのを見て、

「ざまあみろ」

と溜飲《りゅういん》を下げるのが人間だ。

ところが、ワルが居直ったり、言い訳したりすれば溜飲は下がらない。だから頭に来て、執拗なバッシングを繰り返すことになる。

このことからドジを踏んだり、図らずも悪行を働いたときは、「言い訳」を「謝罪と反省」の言葉に置き換え、

「そこまで謝らなくても」

と世間の同情を得られれば、まさに「禍《わざわい》を転じて福となす」になるというわけである。

仕事でドジを踏んだら、

「うっかりミスでした」

と言い訳がましいことを言わないで、

「私は自分の無能さに腹が立ちます」

と、自分を責める言葉に言い換え、唇のひとつも噛みしめてみせれば、

「おいおい、そこまで自分を責めなくてもいいじゃないか」

ということになる。

「罪を憎んで人を憎まず」

とは孔子の言葉だが、日本人はこれを人間関係に昇華し、八方丸く収める知恵として用いてきた。「罪」を「人を憎まず」までもっていけるかどうかは、ひとえに「言い訳の言い換え」にかかっているのだ。

印象を悪くせずに否定する裏ワザ

「ノー」を、どんな言葉で言い換えるか。

これによって相手の評価と対応はガラリと変わる。

たとえば、ホテルの予約。私は旅行が好きで、カミさんと一緒によく出かける。混雑する土、日、祝日は避けるのだが、秋の紅葉、春の桜、夏の海といったシーズンは平日でも予約

が取りにくい。

「×月×日から二泊なんですが、ツインは空いていますか?」

「申しわけございません、あいにく満室でございます」

という言い方をされれば、

「あっ、そ」

電話を切ってしまう。言葉は丁寧でも、客を逃したのだからホテルマンとしては三流ということになるだろう。経験的に言えば、こうした対応は、地方の小都市の宿泊施設に多いような気がする。

地方でも、少しばかり名の知られたホテルであれば、

「申しわけございません、あいにくツインは満室でございます」

と言ってから、

「ダブル(ベッド)でしたら空いていますが」

と、別の部屋を薦めたりする。

「じゃ、それで」

と予約をするが、気分はイマイチ。「空いています」という言い方が、〝残り物〟というの

か、不人気の部屋を提供されたような気分になってしまうからだ。この対応はせいぜい二流どまり。

昨年、秋に取った京都のホテルは違った。

「申しわけございません、あいにくツインは満室でございます」

というのは同じで、ダブルを薦めたのも同じだが、こういう言い方をしたのだ。

「その日はダブルをご用意させていただいておりますが、いかがいたしましょうか」

ダブルを用意してある――という言い換えが、〝残り物〟というニュアンスを払拭するばかりか、

(そうか、ダブルも悪くないな)

という積極的な気持ちにさせたのである。

この言い換えは、人間関係にも応用できる。

「明日の午後、空いているか?」

と上司に問われ、

「お得意先とのアポが入っております」

とだけ答えるのは三流。

「四時からでしたら空いています」

とフォローして二流。

一流は、

「四時からなら空けられます」

と、積極的ニュアンスで言い換えるのだ。

頼まれごとで不利な立場に陥らないキメゼリフ

頼まれごとは、頼まれた時点から頼まれた側が弱くなる。

これは、私がことあるごとに書き、口にすることだ。

「お金、貸していただけませんか？」

頼む側が最初は低姿勢。

「それが、俺も苦しくてさ」

「どなたか貸してくれる方はいらっしゃいませんかね」

「そうだな。心当たりに聞いてみるよ」

と、**話を終わらせようと安請け合いをしたが最後、自《じ》縄《じょう》自《じ》縛《ばく》に陥って、頼まれた自分が追い込まれる**ことになる。

「あの話、どうなりました？」

一週間目は、やんわりとした督促で、

「それが、なかなかねぇ」

返事を濁してすむが、十日がたてば、

「まだですか？」

と語調が強くなり、これが悪い相手なら、

「いったい、どうなってるんですか」

とスゴまれることになる。

だから、自分には荷が重いと思う頼まれごとは、人間関係を損なわないように言葉を選んで断ることだ。

「どなたか貸してくれる方はいらっしゃいませんかね」

「いるわけないだろう」

と、にべもなく断ったのでは角が立つ。

「心当たりに聞いてみる」

と安請け合いしたのでは追い込まれる。

そこで、両方の言い方をくっつけ、こう言い換えるのだ。

「難しいね。だけど、お宅の依頼だから当たってみますよ。一週間ほど時間をください。結果については覚悟しておいてください」

最後の「覚悟」を強調しておいて、一週間後、

「悪いけど、どこもノーだった」

と自分から電話をかければ、

「世話をかけたね」

ということになり、人間関係を壊すことなくスルーすることができるのだ。

実際に、あちこち問い合わせたかどうかは問題ではない。「覚悟」と言っているのだから、結果もさして問題ではない。相手にしてみれば、頼みごとを聞いてくれたという、そのことに感謝して、それで終わりにできるのだ。

最悪でも「ま、いいか」と思わせる魔法の言葉

「比較」ということを、仏教は厳しく戒める。

差別の心につながるからだ。

相手が自分より「上」だと思えばうらやみ、「下」だと思えば優越感にひたる。

だが一般の処世術としては、

「上見りゃきりなし、下見て暮らせ」

と言って、現状に不満があろうとも自分より不幸な境遇にいる人を見れば、「ま、いいか」と折り合いをつけることができると教えられてきたというわけだ。

僧籍にある立場の私としては、こうした差別的な処生訓はもちろん否定するが、物書きの立場でこれを説得術として見ると、

「下見て暮らせ」

というのは、実に効果的な言い換えになることに気づく。

私の知る住職は、悩みごと相談に対してはあえて、

「それは、ようござんしたな」

という第一声を必ず発する。

「女房が、私の母と折り合いが悪くて困っているんです」

嫁姑問題で相談すると、

「それは、ようござんしたな」

と、笑顔で第一声。

「どこがいいんですか」

相談者が気色《けしき》ばむと、

「世間を見てごらんなはれ。包丁でブスリとやったり、腰ヒモで首を絞めたり、ホンマ、悲惨なこっちゃ。お宅は口ゲンカですんで、ようござんしたな」

「それは、まあ」

相談者はなんとなく納得するのだ。

「住職さん、もう腰痛がつらくてつらくて」

「それは、ようござんしたな」

檀家さんがムッとすると、

「突然逝《い》ってしまうよりええやないの」

住職はあくまで方便として常に、その人がいだいている不満や悩みよりも、さらに苦しいものを引き合いに出すことで相手の気持ちを和らげ、

「それもそうや」

という気にさせるというわけだ。「比較」は仏教では禁じられていることだが、説得の手段としては絶大な威力を発揮することがわかる。

そういえば、檀家さんの父親が亡くなったときも、

「それは、ようござんしたな」

と言ったという伝説がある。

驚いてポカンとしている遺族の長男に、

「お父さんはお浄土で生まれ変わったんや。地獄へ行くよりええやないか」

と言ったそうで、

「そりゃ、確かにそうだよな」

と、その長男が一杯飲みながら私に話してくれたものだ。

これが「下見て暮らせ」をアレンジした言い換えなのである。

「早いやないか」

「遅れるよりいいだろう」

「リストラされたんだ」

「死ぬよりいいだろう」

「毎晩飲んで帰って、どういうことよ」

「帰らなくなるよりいいだろう」

いくらでも応用は利くのだ。

第5章

天下無敵！「逆転」の言い換え術

頼みにくいことは「倒置法」で話を切り出せ

「殺《や》れ」

と、いきなり親分から命じられたら、どんな血の気の多いヤクザでも、

「誰をです？」

と思わず聞き返すだろう。

「××組の会長だ」

「エエーッ！」

「名前を聞いた以上、断りはなしだぜ」

これも説得術の一つで、私は《倒置法の言い換え》と呼んでいる。

倒置法とは、言葉や文節を、普通の順序とは逆にする表現方法のことだ。

「早く行けよ」→「行けよ、早く」

「未来へ進もう」→「進もう、未来へ」

「本当に素晴らしい商品です」→「素晴らしい商品です、本当に」

といった具合に、語順をひっくり返して伝えるもので、相手を引き込む効果がある。

では、この方法を説得で用いる場合、具体的にどうすればいいか。

たとえば、

「貧しき者は幸なり」

とは、よく知られた聖書の一節だが、これも倒置法による言い換えだ。

「どうして貧しい者が幸せなんですか？」

と、相手は思わず引き込まれてしまう。

そのタイミングを見はからって、

「なぜかと言えば、心が満たされていない人は、イエスの語る天国の希望と慰めを受け入れやすく……云々」

と説いていけば、

「なるほど、そういうことなのか」

と、ヒザを叩くことになる。

倒置法によって相手の疑問を喚起しているのだが、相手にしてみれば、自分が疑問をいだいたと錯覚している。ここがポイントで、自分が疑問をいだき、それを相手に問い、答えさ

せ、疑問が氷解した――という無意識の心理的な流れが、

「なるほど」

という納得になるというわけである。

「おい、社長がお前のことを怒ってたぞ」

と、いきなり告げれば、

「エッ？」

部下の顔がこわばる。

「わ、私が何か……」

足に震えがきそうになったタイミングで、

「有能なくせに、能力をあえて見せないようにしているってな。だから、けしからんという
わけだ」

「そうでしたか」

部下が安堵《あんど》の笑みを浮かべたところで、

「ちょっと厄介な案件があるんだが」

と頼みごとをすれば、

「承知しました」

と返事をするものだ。

倒置法で疑問をいだかせて引き込み、不安をいだかせ、それが解消されて気分をよくしたところで頼まれれば、誰しもノーとは言いにくいものなのだ。

「千里」を「一歩」に言い換えて錯覚させる

「千里の道も一歩から始まる」

と言われて、これを否定する人はいない。

千里という距離が一歩の積み重ねであることは厳然たる事実であるからだ。だが、一歩を踏み出したからといって、誰もが千里に達するとは限らない。

また、

「滔々《とうとう》と流れる大河も、源流をたどれば湧《わ》き水の一滴に行きつく」

と言われて、これを否定する人はいない。

かの南米のアマゾン川だって、遡《さかのぼ》ればアンデスの山々から湧き出た一滴に行きつく。だが、大河の源流は湧き水の一滴ではあっても、湧き水の一滴が大河になるとは限らない。

ここに、言い換えのヒントがある。

すなわち、「千里」や「大河」など、**最初にとてつもなくビッグなものを引き合いに出し、後から「千里→一歩」「大河→一滴」と言い換える**ことによって相手の錯覚を誘い、説き伏せるのだ。

子供に勉強させようとするなら、

「やればできる」

とストレートに励ますより、

「ノーベル物理学賞をもらった××先生だって、算数は1＋1＝2から勉強したんだよ」

と話して聞かせたほうが説得力がある。

「全日本で優勝した××選手だって、白帯から始めたんだ」

と、私は主宰する空手道場で子供たちに言う。

あるいは、

「社長だって、入社したときは一介の新人に過ぎなかったんだ」

と言って励ませば、

（よし、俺だって！）

と新入社員はファイトを燃やすだろう。

これが「千里↓一歩」「大河↓一滴」の実例だが、ビジネスの世界にもいい例があるので紹介したい。住宅・建設業界の最大手として知られる大和ハウス工業の今日の礎《いしずえ》は、この言い換えが築いたものと、私は見ている。

大和ハウス工業の創業者・故石橋信夫氏が、台風にも耐える稲や竹の強さにヒントを得てパイプ建築を着想し、昭和三十年、家業の材木商をやめて大阪に同社を創業したときのことだ。営業先として国鉄（日本国有鉄道＝現在のＪＲ）に狙いをつけた。

何しろ天下の国鉄である。倉庫や作業小屋、宿舎などパイプハウスの需要がいくらでも見込めたからだ。

だが、各管理局に営業をかけるには、国鉄本社の認可仕様書がいる。認可された仕様書がなければ、営業をかけられても各管理局は大和ハウス工業に発注することができない。石橋氏はすぐさま夜行列車で上京し、国鉄本社へ飛び込んだ。ところが、返事はノー。

「大和ハウスなんて聞いたこともない。そんなちっぽけな会社に仕様書なんか出せるか」

担当局の総務課はけんもほろろで、なんとか局長には会えたものの、

「資本金三百万円、従業員十八人のところじゃあね」

とソッポを向かれてしまった。

社屋は繁華街の道頓堀にほど近い商店街の木造二階建て。一階が事務所で、石橋氏は夫人と幼い子供とともに二階に住み込んでいた。そんな会社が国鉄に売り込みをかけるとは、身のほど知らずも度が過ぎる――と局長もあきれたことだろう。

さて、ここで石橋氏はどうしたか。

憤然として、こうタンカを切ったと、『先の先を読め 複眼経営者「石橋信夫」という生き方』(文春新書、樋口武男著)に書かれているが、これこそまさに「千里→一歩」「大河→一滴」の言い換えであった。

「私のこのワイシャツを見てください。襟なんかまっ黒でっせ。国鉄さんは電化、電化と言わはるけど掛け声ばかり。いまだに石炭を焚《た》いて黒煙もうもうやから、このありさまです。スピードも遅いし、サービスも悪い。私はね、国鉄の新しい時代のための、新しい倉庫を売りにきたんですよ。資本金がどうやというんですか。だいたい国鉄かて、元は江戸時代の運送業、駕籠屋《かごや》やないですか」

そして、

「いま国鉄さんは、日立製作所の部品が入らんことには、一日だって動けないでしょう。その日立さんかて、スタート時は社員四十人ですよ。はじめはみんな、そんなもんです。アタマの固いことというてるから、国鉄はすこしも前進せえへん。買うてくれへんのやったら、よろし、もう帰りますわ」

国鉄や日立という「大河」も、元をただせば駕籠屋であり中小企業。「一滴」に過ぎないではないか――と言い換えることで、

「大和ハウスはいまは小さい会社やけど、日立にかてなれるんやで」

と言外にアピールしたということになる。

結果、この局長は仕様書を認可。全国津々浦々の駅や事業所から、パイプハウスの注文が続々と舞いこんでくるのだ。

前出『先の先を読め』において、著者の樋口武男氏（大和ハウス工業代表取締役会長兼CEO）は、

《一夜で考え直した局長もえらいが、創業者の気迫が扉を開いたのだ》

と記しているが、扉を開いたのは気迫に加え、「千里→一歩」「大河→一滴」の言い換えにあったと、私はニラんでいる。

目下の者にへりくだる最強テクニック

週刊誌記者として駆け出しの二十代当時、私がまだタバコを吸っていたころの話だ。

「やるよ」

と言って、先輩記者がダンヒルのライターをくれた。黒い漆塗りの高価なもので、先輩が使っていたものだ。

「えッ、いいんですか？」

四十年近くがたったいまでも、そのときの嬉しさはよく覚えている。六本木の繁華街、ロアビル近くのスナックだった。

三十代になり、取材が縁で知り合ったヤクザの長老から、高価なモンブランの万年筆をプレゼントされる。

長老は、こう言って差し出した。

「俺には無用のものだ。もらってくれないか？」

もらってくれないか——という一言に、私は感激した。「やるよ」と言っていい立場であるにもかかわらず、へりくだった言い方をしたのだ。先輩記者からもらったときは、ダンヒルをもらったという嬉しさ。ヤクザの長老からもらったときは、長老の「言葉」に感激したのだった。

このことがキッカケで、注意して聞いていると、**ひとかどの人物は、自分が相手より優位な立場にあるときは、必ずへりくだった言い方をする**ことに気がついた。

たとえば、著名な実業家をホテルで取材したときのこと。

「帰り道ですから、途中までお送りさせてください」

と、クルマに同乗するよう勧めてくれた。

「送りましょう」

と言うのが普通であるにもかかわらず、

「お送りさせてください」

と言い換え、へりくだってみせた。

ここに私は感激し、人物の大きさを改めて見直したのだった。

あるいは、

「このコート、着てくれないか?」

と言ってプレゼントしてくれた先輩作家もいれば、

「お食事にお招きしたいのですが、来ていただけますか」

という言い方をした議員もいる。

みな、ひとかどの人物である。

故田中角栄元首相は、こんな言葉を遺《のこ》している。

「人にカネを渡すときは頭を下げて渡せ。くれてやるといった態度が少しでもあれば、そのカネは死にガネになる」

立場が上の者がへりくだれ——と、この言葉を私は読み解く。「やる」を「もらってくれ」と言い換えてみせるところに、人間関係の要諦があるのだ。

説得の真理「一見は百聞に如かず」

「百聞《ひやくぶん》は一見に如《し》かず」

と世間に言う。

人から何度も聞くより、実際に自分の目で見るほうが確かであり、よくわかる——という

意味だが、こと説得に関して言えばその逆で、

「一見は百聞に如かず」

ということでなければならない。

たとえば、自動車ディーラーがクルマを売ろうとする。

「今度、発売される新車は、もうデザインが素晴らしくて……」

と営業しても、カタログ写真を見て、

「ダッセェ！」

ということになれば、これまでのセールストークは無意味。

「そんなことないですよ、ほら、カッコいいじゃないですか」

と頑張ってみたところで、客が自分の目で見てダサイと言っているのだから説得することは難しい。これが「百聞は一見に如かず」になってしまう営業で、二流がやること。一流営業マンは「一見」では勝負せず、「百聞」にもっていく。

「とにかく今度の新車はライフスタイルが変わりますよ。燃費もいいですし、コンパクトなボディーにしてはクラス最大の広さですからね。都心を走ってよし、ロングドライブよし。夏休みなど、ご家族で大自然のなかをツーリングされると、お子様は大喜びされるでしょ

う」

ライフスタイルが変わる——というのは〝想像の産物〟であって、実態はない。この目で確かめることはできないため、「一見」はありえない。だから「今度、発売される新車は、もうデザインが素晴らしくて」と言うのではなく、

「ライフスタイルが変わりますよ」

と〝百聞〟に言い換え、そこからバラ色の想像を喚起させて正解となる。

うまい言い換えが見つからないときは、「さらに」「もっと」「ますます」「格段に」といった言葉をくっつければよい。

「このエアコン、早く部屋が暖まりますよ」

と言うよりも、

「このエアコン、もっと早く部屋が暖まりますよ」

と強調を加えたほうが説得力が増す。

「この製品をお買い上げいただければ、サービス品をお付けします」

と言うよりも、

「この製品をお買い上げいただければ、さらにサービス品をお付けします」

と強調したほうが購買意欲を刺激する。

このことは、選挙演説を注意深く聞いていれば、すぐに気づく。

たとえば、

「もっと住みよい街づくりに邁進します」

と訴える場合は、

「もっと、もっと、住みよい街づくり」

と、「住みよい街づくり」に「もっと、もっと」と二つくっつける。候補者によっては

「もっと」にアクセントを置いて、

「もっと、もっと、もっと住みよい街に」

と三連発で畳みかける人もいる。

「心より、お願い申し上げる次第です」

というお願いは、

「心より、心より、心より、お願い申し上げる次第です」

と思いを込める。

候補者は一票を獲得するため、必死で有権者に訴えかける。彼らの言い換えは、人生を懸

けた経験が培ったノウハウなのである。

対義語をセットにしたフォロー術

マッサージ師に揉《も》んでもらいながら、

「お客さん、ちっとも凝ってませんね」

と言われたら、ムッとするだろう。

凝っているからカネを払ってきているのだ。

だから、マッサージ師は、

「凝ってますね」

と言う。

そう言っていれば間違いがないからだ。

商売っ気のあるマッサージ師であれば、

「ずいぶん凝ってますね。何かなさったんですか？」

と水を向けるだろう。

「そうなんだよ。引っ越しの手伝いをさせられてさ」

「どうりで肩がパンパンですよ。この凝りを取るのは一回じゃ無理ですねぇ」

「じゃ、来週も来るか」

ということになる。

マッサージ師にとって、話術と施術はクルマの両輪のようなもので、これを合わせて「技術」というのだ。以前、マッサージ師の養成スクールで講演したとき、物を売り込む営業マンを譬《たと》えにして、

「機能の優劣や価格、ブランド力、立地条件だけで商品の売れ行きが決まるのであれば、営業という仕事は不要。カタログ以外の何かで売ってみせるからこそ、営業という仕事が成り立つ。あなた方も同じです」

といった話をした。マッサージが対人ビジネスである以上、施術以外のもの――客の心理を衝《つ》いた話術が大事であるということなのだ。

対人ビジネスということでいえば、占い師も話術と言い換えが勝負だ。いくら鑑定に精通していても、これがヘタだと客はつかない。

「結婚できるでしょうか」

「ダメだね」

と言下に否定されたら、客はムッとくる。

鑑定してみて、良縁に恵まれないという結果が出れば、

「大丈夫。婚期が遅れれば遅れるほど、良縁に恵まれます」

とポジティブな要素を必ずつけ加える。

「転職すべきでしょうか？」

という相談に対して、「転職したあとも職を転々とする」という鑑定結果の場合は、

「あなたは、転職を重ねるたびに伸びていくタイプです」

とフォローして、前途に希望を持たせてやる。

一方、良縁に恵まれるという鑑定結果であれば、

「良縁に恵まれますが、慎重のうえにも慎重を期すこと」

とクギを刺す。

出世運あり、という鑑定結果であれば、

「転職しないで、いまのまま頑張れば出世は間違いなし。ただし、人間関係には細心の注意を」

とアドバイスする。

つまり、ネガティブなことには、「大丈夫」とポジティブな言葉を加えて安心させ、ポジティブなことは「慎重に」とネガティブな一語をあえて添えることで、

(俺って、本当に出世するんだ)

と客は嬉しくなってくるのである。

なぜ、私にそういうことがわかるかといえば、かつて気学（吉凶を占う方位学）の組織を主宰する会長と知り合い、気学を勉強したことがあるからだ。ペンネームで気学の著書もあるし、多くの鑑定士ともつき合ってきた。僧籍を得て、卜占祭祀《ぼくせんさいし》（占いの類）からは手を引いたが、このときの経験を人間関係術から見直せば、**《ネガティブなこと→大丈夫》《ポジティブなこと→慎重に》と対比的に言い換えてみせるのが、相談に対する回答の基本原則**ということになる。

もし、あなたが人生相談を受けたときは、この対義語を用いた言い換えを念頭にアドバイスすればいいのだ。

「私」と「みんな」を自在に使い分ける技術

説得において、「みんな」という一語は〝錦《にしき》の御旗《みはた》〟の効果がある。

たとえば、道路建設のための地上げ。

「お宅がウンと言ってくれないと、道路ができないんだ」

と訴えるのは三流で、「俺には道路なんて関係ない」と居直る理由を与えてしまう。

「立ち退《の》きに反対しているのは、お宅だけだよ」

と、「あんた一人」を強調して攻めるのは説得術としては悪くはないが、私に言わせれば二流。「あんた」をテーマにしているため、相手は「自分の問題」と受け取ってしまい、ヘタをすると、「わしは最後まで頑張るぞ」と闘争心に火をつけることにもなりかねない。

一流はやんわりと、こう諭す。

「立ち退きに賛成してくれているみんなが迷惑してるんだよ」

あんたの気持ちはわかるが、あんたのワガママがみんなに迷惑をかけている——と、テーマを「あんた」から「みんな」にすり替え、〝良心の呵責〟をチクリと刺激することで説得にかかるのだ。

ただし、「みんな」という言葉がオールマイティーかと言えば、そうではない。逆に話を「私」にもっていくべきケースもある。

たとえば、坊主の説法。

「お浄土（極楽）はホントにあるんですか？」

と、疑いのまなこで問われた知人僧侶は、

「さあ、行ったことがないので、あるともないとも私には言えません」

と軽くいなしてから、

「しかし」

と、言葉に力を込めると、

「ないと困るんです。お浄土がないと、この私が困るんです。お浄土があって、そこに生まれ変わることができると信じているからこそ、私は安心して死んでいけます。安心して生きていけます。お浄土がないとなれば、私は不安です。だから、お浄土がないと、この私が困るんです」

浄土というものを「私」に引き寄せることで、聴衆を説得するのだ。「私」を「みんな」

に置き換えてみれば、よくわかる。

「お浄土がないと、みんなが困るんですよ」

と訴えたのでは、

(冗談じゃねぇ。俺は困んねぇよ)

反発心が芽生えるだろう。

ところが、「私が困る」と言えば、困るのは「この私」なのだから反発する人はいない。

(ほう、この坊さんは、お浄土がないと困るのか)

と、聴衆は「私の思い」を肯定するしかないわけで、肯定することによって、

(どれどれ、もうちょっと話を聞いてみるか)

と引き込まれていくという次第。

訴えかけるときは「私が」を強調し、説得や翻意を迫るときは「みんなが」を前面に押し出す。テーマに応じて「私」と「みんな」を自在に言い換えて用いれば、たいていのことは意図した結果が得られるものだ。

聞きたいことの逆から攻める〝間接質問〟法

以前、警察官を読者対象とした雑誌『月刊BAN』（株式会社教育システム発行）から原稿依頼を受けたことがある。「職務質問」という特集のなかで、会話術について思うところを書いてくれ——というので、職務質問の実務テキストなどを取り寄せて研究してみた。

職質は言うまでもなく、あやしそうな人間にするものだ。だから警察官に声をかけられると思わず身構えてしまう。スネに傷があればドッキリだろうし、傷がなくともイヤな気分になる。

「こんな時間に、どちらへ行かれます？」

と〝上から目線〟で呼び止められれば、

「余計なお世話だ」

と口に出さないまでもムッとするだろうし、逆に警察官からするとモミ手で言えば相手に軽く見られてしまう。

そこで、職質について私なりにいくつか提言したのだが、そのなかの一つに、聞きたいことを単刀直入に尋ねるのではなく、答えざるを得ない質問にして間接的に攻めていく方法がある。

たとえば、

「どちらへ行かれますか?」

と言って声をかければ、余計なお世話でムッとされるが、

「いま駅のほうから歩いて来られましたか?」

と、方向性を逆にして質問すればどうか。

(何かあったのか?)

と好奇心を刺激できるし、そもそも駅のほうから歩いて来たのかそうでないのか、相手は具体的な返事をせざるを得なくなる。

「いま駅のほうから歩いて来られましたか?」

「そうです」

「お住まいはお近くですか?」

「ええ、××ですが」

「お仕事のお帰り?」

「そうです」

こうして職質に引きずり込んでいくという一例である。

応用はいくらでも利く。

たとえば週末、部下や後輩に用事を言いつけようとする場合。

「土曜日は空いているか？」

と問えば、警戒して返事を濁すだろうが、

「土曜日の予定は？」

と、**予定があることを勝手に前提にしてその内容を問えば、具体的な返事をしなければならなくなる。**仮に予定が入っていなければ、「特に予定は」と答えるしかない。

言質《げんち》を取ったところで、

「実は急ぎの仕事があって」

と畳みかければよい。

「いつ来られるか？」

と問うなら、

「来られない日はいつだ？」

面会の日程を入れるなら、

「いつがいい？」

ではなく、

「都合が悪い日はいつ？」

というように、実際に聞き出したいことの逆から尋ねることで、主導権を握れるのだ。

熱意が通じないときは「あきらめのポーズ」

熱意は人の心を揺さぶる――これは説得の基本原則である。

だから、

「必ず成功させてみせます！」

と、眦《まなじり》を決してみせればよい。

「これ、このとおりです！」

土下座してみせるのもいいだろう。

「お願いします、買ってください。そうでないと会社へ帰れません」

泣き落としだって悪くない。

だが、熱意で説得に成功するのは、相手が決断を迷っているときの〝もう一押し〟であって、すでにノーの腹を決めているときは逆効果。

（しつこいな）

と、舌打ちの一つもされることだろう。説得において熱意は決してオールマイティーではないのだ。

では、相手がすでにノーの結論を下している場合、どう対処すればいいか。

私の例を紹介しよう。週刊誌記者の足を洗い、編集・企画の事務所を立ち上げたときのこと。会社案内や販促パンフレットの制作を営業して歩くが、なかなかうまくいかない。

「見積もりだけでも」

「いいよ、意味ないから」

取りつく島もない。見積書を手に取れば、相手の土俵に引っ張り込まれることを担当者も心得ているからだ。

そんなある日のこと。健康食品関連の某社に販促パンフの営業をかけたが、例によってあっさりと門前払い。かなりダンピングした見積書を持参していたのだが、粘ってもムダだろう。

「わかりました」

私もあっさり引いて、

「これ、今後の参考にでもしてください」

と言って見積書を差し出すと、

「あっ、そ」

素直に受け取ったのである。

受け取れば早く追い返せるという思いもあったのだろうが、担当者にしてみれば、私が売り込みをあきらめたので、見積書を受け取っても食い下がられることはないと安心したからではないか、と私は帰りの電車のなかで思ったものだ。

そして、その日の夕方、

「本当にあの予算でパンフが制作できるの？」

担当者から電話があり、再度、出向いて話を詰め、受注に成功する。このときの経験から、**食い下がるにはむしろ「あきらめのポーズ」——すなわち、一旦、白旗を掲げたように見せる方法があること**を学んだのである。

デパートの紳士服売り場で、スーツをあれこれ見ていると、

「いかがですか？」

と、販売員が笑顔で声をかけてくることがよくある。

「見るだけだから」

と伝えても、

「お召しになるだけでも」

と、たいてい食い下がってくるが、これは二流の販売員。客にしてみれば、試着すれば売り込みをかけられることがわかっているので、それが煩《わずら》わしく、そそくさと立ち去ってしまう。

一流販売員は、そんなセリフは口にしない。

「いかがですか？」

「見るだけだから」

「承知しました。では、スーツをお探しになるときの今後のご参考に、試着されてはいかがですか？」

私は売り込むことはしませんから大丈夫——と言外にメッセージすることで試着にもって

いき、

「紺色がよくお似合いですね」

「そうかな」

じわりと引き込んでいくのが、〝白旗〟の言い換え術なのである。

クルマを買い換える気がまったくないにもかかわらず、自動車ディーラーの営業マンがモデルチェンジした新車を拙宅に乗りつけ、

「試乗だけでも」

「見積もりだけでも」

と熱心に口説いたことがある。

私は辟易《へきえき》しながら、もしこの営業マンが、

「承知しました。せっかくですから、今後のクルマ選びの参考に試乗されるといいと思いますよ」

とでも言い換えたなら、きっと私は安心して試乗しただろうに、と思ったものだ。

ヤバイ仕事を命じるとき、先に口にすべきこと

死刑を覚悟していて、判決が無期懲役であったなら、

(助かった)

と安堵する。

八年以上の長期刑を覚悟していて、六年の判決であれば、

(ラッキー！)

と小躍りしたくなる。

反対に、三、四年の実刑に執行猶予つきだろうと楽観していたところへ「被告人を懲役五年の刑に処する」と裁判長に申し渡されたら、

(まさか！)

茫然自失になる。

私が保護司をしていることはすでに紹介したが、受刑者に面接するため、北は網走刑務所から西は長崎刑務所まで全国の刑務所に出向いている。量刑の予測が大きく外れたときは、

受刑者の誰もが「ラッキー！」あるいは「まさか！」という表情をする。

この人間心理を衝く方法が《対比の言い換え》。つまり、**イヤな仕事や役割を命じるときは不安感をうんと煽り、結果がそうした最悪の事態にはならず「ラッキー！」と思わせられれば、丸く収まって儲けもん**ということになる。

これはウラ社会の面々が得意とする説得術で、ヤバイ仕事を命じるときは最悪の事態を口にする。

「身体《からだ》、懸けてもらうぜ」

「五年や十年の懲役じゃ、すまねぇだろう」

「腹だけはくくっておきな」

最悪の事態を口にしているのだから、どんな結果になろうとも、最悪よりはましになり、

（ああ、よかった）

となるのだ。

こんな例がある。A組の若い衆が酔って他の組織の人間をブッ飛ばしたときのことだ。A組の本部長は、諸般の事情を考慮して、若い衆に詫びを入れてくるよう命じた。ただ、ハネッ返りの若い衆だけに、素直に頭を下げてくるかどうか不安だった。

そこで、若い衆にこう告げるのだ。

「向こうは、おめぇの腕一本よこせと言ってきてるんだが、それは俺が突っぱねてある。余計なこと言わねぇで、頭を下げてきな」

若い衆は相手事務所に出向き、おとなしく頭を下げてきたと、本部長が笑いながら酒飲み話で語ってくれたものだ。「腕一本」と「頭を下げる」が《対比の言い換え》となり、

（詫びを入れるだけですんでよかった）

と若い衆は安堵したことだろう。

あるいは、出版不況のため、経営が苦しくなった知人の編集プロダクション社長は、社員の給料を一律二割カットすることにしたが、それを発表する前に、

「倒産の危機だ。万一の覚悟だけはしておいてくれ」

と大いに不安を煽った。

社員たちは浮き足立ったが、おいそれと転職先もない。

（どうしよう、どうしよう）

と不安がピークに達したところで、

「二割カットで会社は生き残れるぞ！」

堂々と発表し、社員たちは安堵の歓声をあげたのである。

《対比の言い換え》で大事なことは、不安のハードルをうんと高くすることだ。

「給料を三割カットするかもしれない」

といった程度では、

「二割カットで会社は生き残れるぞ！」

と告げても、歓声があがるどころか、かえって不満をくすぶらせてしまう。「給料カット」を「倒産」という〝最悪の言葉〟に言い換え、不安のハードルをうんと上げたからこそ、

「ラッキー！」ということになるのだ。

「このままでは地球上の生物は絶滅するぞ！」

とブチ上げておいて、

「地球温暖化防止のためにアイドリング・ストップ！」

とやるから、その程度であればできると、私たちは抵抗なく受け入れているのだ。

健さんのひと言「伸びないやつはしごかねえよ」

落ち込んでいる人間に対して、何と言って励ますか。

「頑張れよ」

と言われて、

（よし！）

と奮起するほど人間は単純じゃない。

「なんとかなるさ」

という根拠のない慰めには反発する。

「俺のときなんか」

と、自分の失敗談を持ち出して励まされるのは、意図が見え透いているだけに、これはちょっとイタイ。

落ち込んだ人間を励ますときは、「逆説的言い換え」を用いるのだ。

たとえばタレントの武田鉄矢さんが、故高倉健さん主演の『幸福の黄色いハンカチ』で映画デビューしたときのこと。山田洋次監督にしごかれて落ち込むのだが、そんな彼に対して健さんは何と言ったか。

武田さん自身の言葉で紹介しよう。二〇一〇年四月、『幸福の黄色いハンカチ』デジタルリマスター版の公開記念試写会で、彼はこんなふうに語った。

僕は素人俳優だから、監督にいつも怒られていましてね。

健さんが、

「お前、大変だったな」

となぐさめてくれるんですよ。

それで、

「オレばっかりいじめるんですよ」

と愚痴をこぼしたら、

「伸びないやつはしごかねえよ」

と言ってくれて……。

宿まで泣きながら帰りましたよ。

武田さんは、健さんのなぐさめに泣いたのではない。「伸びないやつはしごかねえよ」という《逆説的言い換え》に、気持ちがグラリときたのだ。なぜなら、このワンフレーズにこめられた意味は**《伸びるやつ→しごく→お前はしごかれた→だからお前は伸びる→しごかれたことを喜べ》ということになり、武田さんは健さんの言葉をそう読み解いたからこそ感激した**、というのが私の見立てだ。

このことは、同じ意味のことをストレートな言葉に言い換えてみればわかる。

「お前は伸びる人間だ。だからしごかれたんだ」

という言い方であれば、「伸びる人間」という一語は、なぐさめるための補完だと相手は受け取ってしまう。だから、気づかいには感謝しながらも、涙が出るほどの感激はない。

「伸びないやつはしごかねえよ」

という逆説だからこそ、相手は先のように論理展開し、

「自分は伸びる人間なのだ」

「しごかれたことを喜ぶべきなのだ」

という結論に達する。

自ら導き出した結論は無条件に受け入れるという人間心理によって、《俺は伸びる人間だ→健さんはそのことに気づかせてくれた→ありがたい》という感激になるというわけである。

「拍手されるより、拍手するほうがずっと心が豊かになる」

というのも健さんが下積みの役者に語って聞かせた名言の一つだが、これも《逆説的言い換え》で、《自分は役者として芽が出ず、下積みである→下積みの人間は心が豊か→自分の心は豊かである→このままでもいいのだ》と無意識に論理展開していく。いまの自分を肯定させてくれた健さんに、下積みの役者は感謝することだろう。

故田中角栄元首相は、

《末ついに海となるべき山水も　しばし木の葉の下くぐるなり》

という一文を好んで色紙に書いた。

この色紙をもらった落選議員は、無意識に《海→小川→木の葉の下→今の自分》と論理展開し、「よし!」と奮い立ったという。

一方、凡庸な派閥の領袖《りょうしゅう》は、こうした言い換えができず、

「いまが辛抱だ。いずれキミは大成する」

とストレートに励ます。「辛抱→大成」という言い方は当たり前なだけでなく、辛抱しな

ければ大成しないということでもある。だから言葉が相手の心に響かず、したがって心酔することもない。さすが、人心収攬《しゅうらん》術の達人と評される角栄一流の《逆説的言い換え》と言っていいだろう。

「不器用ですから」

とは、よく知られた高倉健さんの〝キャッチフレーズ〟だ。お世辞を言うのも苦手なら、世渡りも決して器用ではなかったろう。それでも健さんの一言《いちごん》は相手の心をつかんで離さない。不器用な健さんは、実は田中角栄に匹敵する「人身収攬術の天才」であったと、私は思うのだ。

向谷匡史（むかいだにただし）
1950年生まれ。広島県呉市出身。拓殖大学卒業。週刊誌記者などを経て、作家。浄土真宗本願寺派僧侶。保護司。日本空手道「昇空館」館長。著書は『ヤクザ式　相手を制す最強の「怒り方」』『会話は「最初のひと言」が9割』（以上、光文社新書）、『ヤクザ式 ビジネスの「かけひき」で絶対に負けない技術』『ヤクザ式 ビジネスの「土壇場」で心理戦に負けない技術』『決定版 ヤクザの実戦心理術』（以上、光文社知恵の森文庫）、『怒る一流 怒れない二流』（フォレスト2545新書）、『仕事も人生もうまくいく人間関係「間合い」術』（草思社）など多数。著者ホームページ http://www.mukaidani.jp

説得《せっとく》は「言《い》い換《か》え」が9割《わり》

2015年4月20日初版1刷発行

著　者 ── 向谷匡史
発行者 ── 駒井　稔
装　幀 ── アラン・チャン
印刷所 ── 萩原印刷
製本所 ── 関川製本
発行所 ── 株式会社光文社
東京都文京区音羽1-16-6（〒112-8011）
http://www.kobunsha.com/
電　話 ── 編集部03(5395)8289　書籍販売部03(5395)8116
業務部03(5395)8125
メール ── sinsyo@kobunsha.com

 ISBN 978-4-334-03855-7

728
ギャンブル依存国家・日本
パチンコからはじまる精神疾患
帚木蓬生

日本人のギャンブル依存有病率は、なんと4・8%、536万人にのぼる（厚労省発表）。ギャンブル障害の実態と利権構造を徹底追及し、ギャンブル漬けの日本に警鐘を鳴らす！

978-4-334-03831-1

729
守備の力
井端弘和

ドラフト5位の小柄な選手が17年間やってこれた理由とは？ 守備の極意をはじめ、イメージを覆す打撃論も披露。最強軍団でもレギュラーを目指し、挑戦をやめない名脇役の野球論。

978-4-334-03832-8

730
死体は今日も泣いている
日本の「死因」はウソだらけ
岩瀬博太郎

犯罪見逃しや死因判定ミスが止まらない日本。その一因は旧態依然の死因究明制度にある。解剖、CT検査、DNA鑑定など法医学者の仕事に迫り、知られざる社会問題をあぶり出す。

978-4-334-03833-5

731
やきとりと日本人
屋台から星付きまで
土田美登世

やきとり屋でなぜ豚・牛もつが出てくるのか？ 驚きの歴史を知り、屋台から老舗、一つ星まで、北海道から九州まで、多種多様なやきとりを味わう。全国70軒のお店を紹介！

978-4-334-03834-2

732
化学で「透明人間」になれますか？
人類の夢をかなえる最新研究15
佐藤健太郎

新しい物質を創り出せる唯一の分野「化学」の世界では、今どんな研究がどこまで辿り着いているのか…美、長寿、モテから病気の治療、薬、金・ダイヤ、宇宙旅行や環境分野まで紹介。

978-4-334-03835-9

733
外資系コンサルの知的生産術
プロだけが知る「99の心得」
山口周
論理思考やフレームワークなどの「思考の技術」を学んでも、仕事がうまくいかないのはなぜ？　成果を出し続ける人だけが知っている、「知的生産の技術」＝「行動の技術」。
978-4-334-03836-6

734
パリの美術館で美を学ぶ
ルーブルから南仏まで
布施英利
パリ1区からはじめ、郊外、さらに南仏へとつなげる美術館巡りの旅。一度は見たい名画や中世美術、20世紀アート、画家のアトリエまで、何をどう見るか、そのポイントを教える。
978-4-334-03837-3

735
「赤ちゃん縁組」で虐待死をなくす
愛知方式がつないだ命
矢満田篤二　萬屋育子
産みの親が育てられない新生児を家庭につなぐ「赤ちゃん縁組」。生後0日の虐待死や施設養育による愛着障害を防ぐため、30年前に愛知県の一職員が始めた注目の取り組みを紹介。
978-4-334-03838-0

736
金を取る技術
元国税調査官が明かす
大村大次郎
金をすぐに払ってくれそうな人を見極め、貧乏人や情報弱者、儲かっている業界から徹底的に巻き上げる——。〝お上〟の徴税テクニックを知り、ビジネスに役立つヒントを得る。
978-4-334-03839-7

737
病気を治せない医者
現代医学の正体に迫る
岡部哲郎
死ぬまで薬を飲み続けますか？　西洋医学の限界に気づいていますか？　欠陥を抱えた西洋医学を検証しながら代替医療の可能性を探り、「ベストな医療の選択とは何か」を問う。
978-4-334-03840-3

738
宇宙はどうして始まったのか
松原隆彦

「宇宙の始まり」に答えはあるのか。新しい観測的事実が次々と明らかになる中、無からの宇宙創世論、量子論、相対論、素粒子論などを考察しながら、宇宙の謎にスリリングに迫る。

978-4-334-03841-0

739
日本の医療格差は9倍
医師不足の真実
上昌広

日本の医師の数は圧倒的な「西高東低」だ。医学部は西日本に偏在しており、その格差は最大9倍！ 気鋭の医師が医療と教育の格差について提言。医学部受験生も必読の書である。

978-4-334-03842-7

740
社会保障が経済を強くする
少子高齢社会の成長戦略
盛山和夫

悪者扱いされる社会保障費は、本当に削減するしか道はないのか。生産性の向上、国民負担の増大が意味するものとは何か。誤った「常識」の原因を、社会学者が明らかにする。

978-4-334-03843-4

741
残念な教員
学校教育の失敗学
林純次

「残念な教員」を量産する学校教育現場の「失敗のしくみ」を踏まえ、過去の教育実践の蓄積と著者自身の取り組みをベースに、未熟練教員と生徒を共に成長させる方法を提示する。

978-4-334-03844-1

742
スマホに満足してますか？
ユーザインタフェースの心理学
増井俊之

知的生産に不向きで、時間潰しのツールになってしまったスマホ。進化が止まり、一向にいつでも／どこでも／誰でも使えるようにならないコンピュータ。第一人者がこの問題に挑む。

978-4-334-03845-8

743
教養としての聖書
橋爪大三郎

ビジネスパーソン必携。創世記、出エジプト記、申命記、マルコによる福音書、ローマ人への手紙、ヨハネ黙示録をスラスラとダイジェスト型式で読み進める最強の「聖書」解説本。

978-4-334-03846-5

744
好きになられる能力
ライカビリティ　成功するための真の要因

松崎久純

我々は、いくら専門分野で優秀でも、「人から選ばれ」なくては成功できない！　無意識にしてしまいがちな話し方・ふるまいのパターンを意識化し、改善するための原則を教える。

978-4-334-03847-2

745
つくし世代
「新しい若者」の価値観を読む

藤本耕平

気鋭のマーケッターが、若者たちの「今」、「さとり」の次までを分析。彼ら・彼女らに芽生えつつある〈新しいマインド〉とは？　商品開発・マーケティング・人事に役立つ一冊。

978-4-334-03848-9

746
低予算でもなぜ強い？
湘南ベルマーレと日本サッカーの現在地

戸塚啓

２０１４年、開幕14連勝、その後21戦負け無しの記録を作り、史上最速でＪ１昇格圏を確保した湘南ベルマーレ。Ｊリーグが誇る「中小企業」の15年間を丹念に追ったノンフィクション。

978-4-334-03849-6

747
サルバルサン戦記
秦佐八郎　世界初の抗生物質を作った男

岩田健太郎

感染症界のエースが挑む、空前絶後の科学ノベル！　研究とは何か、科学者の資質とは……実在の細菌学者の人生と当時の名だたる研究者との交流・葛藤を通し現代に問いかける！

978-4-334-03850-2

748
二塁手革命
菊池涼介

2年連続ゴールデングラブを獲得、そのグラブさばきにはメジャーも惚れた！ ヒットをアウトにする守備範囲、超シンプル打法で安打量産。今、最もワクワクする選手の野球論。

978-4-334-03851-9

749
アップル、グーグルが神になる日
ハードウェアはなぜゴミなのか？
上原昭宏　山路達也

身の回りの様々な機器がクラウドにつながる「モノのインターネット化」（IoT）。この急成長市場を足掛かりとした、巨大IT企業の企みを解き明かす。【小飼弾氏推薦】

978-4-334-03852-6

750
すごい！　日本の食の底力
新しい料理人像を訪ねて
辻芳樹

日本は食材だけじゃない、人材の宝庫だ。辻調グループ代表が日本の食の先駆者たちを徹底取材。日本を元気にする新世代たちの試みを知れば、これからの「食」の形が見えてくる！

978-4-334-03853-3

751
目の見えない人は世界をどう見ているのか
伊藤亜紗

視覚障害者との対話から、〈見る〉ことを問い直す身体論。「〈見えない〉ことは欠落ではなく、脳の内部に新しい扉が開かれること。驚くべき書き手が登場した」【福岡伸一氏推薦】

978-4-334-03854-0

752
説得は「言い換え」が9割
向谷匡史

説得とはノーをイエスに転じさせる技術であり、その成否は「言い換え」で決まる。各界のトップからヤクザのドンまで大物たちと対峙してきた著者が、人を動かす話術を伝授！

978-4-334-03855-7